7 LES SECRETS DES GENS HEUREUX

7 LES SECRETS DES GENS HEUREUX

EDITIONS ESI

Sommaire

Quels sont les secrets pour être heureux ?

Nous connaissons tous des personnes qui semblent naturellement heureuses, qui paraissent avoir tout pour elles. Pour la plupart d'entre nous, lorsque l'on parle du bonheur, on s'attend forcément à un feu d'artifice, à quelque chose de tellement unique, que l'on est d'autant plus exigeant. Et ainsi, au lieu de vivre au présent, on reste dans l'expectative, on attend mieux… sans savoir à quoi ressemble ce « mieux » !
Les gens heureux, eux, n'attendent pas le bonheur, ils vont le chercher. Et ils s'entourent de gens heureux. Mais comment font-ils concrètement ?

Le bonheur n'est pas un fait mais un état. Il n'est pas universel, il n'est pas non plus permanent. Il résulte d'un état d'esprit, d'un positivisme farouche et d'une capacité à relativiser plutôt que se laisser abattre. De plus, le bonheur de l'un n'est pas celui de tous. C'est notre propre raisonnement, notre propre façon d'appréhender les choses qui nous prédispose à ressentir du bonheur, plus que les faits eux-mêmes, qui, eux, peuvent être compris de tant de manières différentes.

Les instants de bonheur intense sont finalement rares : c'est la raison pour laquelle il faut savoir en profiter. Car tant de choses, tant de sentiments, d'émotions peuvent nous empêcher de le ressentir ! Ce peut être l'impatience que l'on manifeste vis-à-vis des autres, de nous-mêmes ou du monde. Ou l'indignation voire le défaitisme quand un échec survient. Ou encore le fait de se tromper de cible lorsque l'on se jette sur les biens matériels en pensant qu'ils vont nous combler. Nous pouvons aussi ressentir de la jalousie, ou même encore de la colère, lorsque nous nous comparons aux autres et que nous ne sommes pas à notre avantage, ou quand les choses ne se passent pas comme prévu.

Ces attitudes impulsives sont anti-productives, stressantes, et nous éloignent du bonheur. Dans ces pages, vous découvrirez les secrets des gens qui parviennent à être heureux, tout simplement. Savoir s'estimer, lâcher prise, vivre l'instant présent sont autant d'étapes incontournables. Elles donnent le recul nécessaire pour voir le bonheur et tenter de tourner le dos au malheur. Les sept thèmes abordés dans ces pages sont destinés à vous aider à comprendre cette réalité. Pour être heureux, il faut déjà être moins malheureux… Et ne riez pas, ce n'est pas la même chose. L'exercice n'est pas aisé, et si vous le réussissez, vous atteindrez la félicité !

Le bonheur

Mode d'emploi du pardon

« On pardonne à qui sait pardonner. »

Proverbe québécois

Témoignage

« Mon mari m'a trompée il y a deux ans, avec une jeune femme. J'aime mon mari et je sais qu'il m'aime. C'est vrai qu'au moment où il m'a trompée, ça n'allait pas fort entre nous : je n'avais plus de désir, j'étais stressée et il souffrait de ma distance. Il m'a avoué qu'il m'avait trompée, un soir. Sur le coup, je n'ai pas su quoi faire. On s'est séparés pendant quelques semaines, le temps de réfléchir. Je me suis aperçue rapidement qu'il me manquait affreusement et que j'avais vraiment envie de le revoir. Je ne savais pas comment me positionner par rapport à son aventure ; est-ce que je devais lui pardonner ou le quitter ? Je n'avais pas de problèmes d'argent, j'avais un travail qui rapportait bien, j'aurais pu le quitter, contrairement à beaucoup de femmes qui restent parce qu'elles sont coincées financièrement. Mais j'ai finalement décidé de lui pardonner.

Je n'ai pas oublié ce qui s'est passé, mais je crois que ma démarche et mon retour ont provoqué quelque chose en nous. Il m'a dit ensuite que le fait de lui pardonner l'avait tellement touché qu'il ne m'en avait que plus aimée. De mon côté, je trouve que notre relation a mûri, je dirais même qu'elle s'est consolidée : quand on a un problème avec l'autre maintenant, on en parle, pour éviter la distance. Et je suis encore étonnée de dire ça, mais je me sens plus sereine maintenant, comme si une grosse épreuve était passée… »

Marie, 43 ans

Un peu de théorie

Se rendre compte que tout le monde peut faire des erreurs

« *Que celui qui n'a jamais péché lui jette la première pierre.* » Cette phrase de Jésus illustre à merveille le fait que les gens doivent se pardonner les uns les autres. Nous ne parlons évidemment pas de religion ici, mais de bon sens ! Si ceux qui fautaient n'étaient jamais pardonnés, dans quel monde nous vivrions ! Pardonner, c'est accepter les autres dans leur intégralité, voire leur intégrité, sans fatalisme, en se disant qu'ils peuvent s'améliorer et apprendre de leurs erreurs.

C'est également se rendre indulgent, regarder les autres avec bienveillance, essayer de voir le meilleur d'eux-mêmes, et s'ouvrir aux failles et aux imperfections de ceux qui nous entourent. C'est aussi renforcer le lien avec eux, leur faire confiance, leur donner une seconde chance.

Comme en témoigne Marie, le pardon a une force spirituelle et émotionnelle très forte, qui peut entraîner des changements profonds dans le cœur des individus. Comme l'effet Pygmalion, dont il en serait un exemple parfait, il provoque en la personne pardonnée (et pardonnant) des sentiments positifs qui, comme on le sait, sont propices au bonheur…

Pardonner ceux qui comptent

Des études montrent que le pardon est influencé par le type de relations que nous avons avec la personne « fautive ». Plus la relation est proche et nous satisfait par ailleurs au niveau émotionnel, affectif ou intellectuel, plus on a tendance à pardonner les fautes commises. Il est vrai que dans le cas d'aventure extraconjugale comme celui de Marie, la décision est plus difficile à prendre, mais il semblerait que nous pardonnons le plus aux personnes que nous aimons le plus… Et que nous insultons copieusement les chauffards qui nous coupent la route sur le périphérique avec qui nous n'avons aucun lien sinon une priorité à droite non respectée...

Le pardon part d'une volonté forte, mais intérieure, et les motivations extrinsèques (c'est-à-dire extérieures) sont rarement prises en compte. Et cela marche dans les deux sens : que l'on pardonne ou que l'on veuille se faire pardonner une faute, on ne peut véritablement donner ou demander le pardon sous une pression extérieure. Par exemple, le statut hiérarchique, ou la peur de la sanction ne peuvent réellement influer sur le pardon : les paroles seront là, mais le cœur ne suivra pas... C'est la raison pour laquelle il est totalement inutile, voire humiliant, de forcer un enfant à s'excuser d'une faute : il n'en ressentira que de la rancune...

En vérité, notre cœur plus que notre cerveau pèse naturellement et soigneusement le pour et le contre de la relation pour pardonner : *« Est-ce que cette personne est importante pour moi ? Qu'a-t-elle mis en péril en faisant cette erreur ? Est-ce que j'ai envie de me réconcilier avec elle ? »*

Un conseil donc : pardonnez aussi et surtout aux personnes que vous aimez vraiment, car comme le disait quelqu'un (et sans faire de prosélytisme acharné), le pardon est amour (ou l'amour est pardon)...

Peut-on tout pardonner ?

Il est difficile de répondre à cette question, parce qu'elle cache en fait une autre question, tout aussi passionnante : veut-on tout pardonner ? Évidemment, il est plus facile de pardonner une erreur involontaire qu'une duperie machiavélique, et personne ne vous tiendrait rigueur de ne pas pardonner certaines erreurs venant de certaines personnes, surtout si elles sont proches. Cependant, il y a plusieurs choses à mettre en perspective.

Premièrement, et sans vouloir se remettre forcément et systématiquement en cause, il convient de se demander les raisons qui ont poussé la personne en question à vous tromper intentionnellement en s'interrogeant ainsi : *« N'ai-je pas moi aussi une part de responsabilité ? »* Car cette tromperie

pourrait bien être une vengeance à la suite d'une erreur de votre part !
Deuxièmement, il faut se garder des théories du complot, si à la mode dans nos salles de cinéma. Le monde n'est pas, heureusement, qu'un monde hostile, peuplé de personnes malveillantes. Il y en a, certes, mais la plupart des gens sont normaux, avec leurs propres problèmes, leurs ambitions, leur monde, leur propre personnalité et schéma psychologique. Beaucoup de conflits sont souvent issus de malentendus ou de manques de communications persistants, qui peuvent plus ou moins rapidement se transformer en incompréhensions, blocages, pour terminer en conflits ouverts. Essayer de remonter aux sources peut parfois être payant pour comprendre et peut-être pardonner (ou demander le pardon de) la personne en question. D'autres tensions sont provoquées par des erreurs d'interprétations, des détails pour l'un qui sont des éléphants pour d'autres. Pardonner, c'est aussi accepter ces différences-là.
Enfin, en ce qui concerne les cas vraiment terribles d'inceste, de viol ou de meurtre, le processus de pardon est évidemment plus lourd, car il est souvent double. Dans ces cas-là, il est très difficile de pardonner à deux personnes, dont soi-même, pour espérer être serein, prêt au bonheur…

À RETENIR

Apprendre et enseigner la bienveillance

Le pardon est une valeur religieuse et morale, et pour cause ! Il enseigne la tolérance sans la résignation, puisqu'il croit en l'amélioration possible de l'autre, voire en sa rédemption. Le pardon est vraiment une vision positive de l'homme et de son prochain, nécessaire pour appréhender le bonheur.

Amour et pardon

Évidemment, les deux sont liés. L'enjeu est plus important quand les liens affectifs rentrent en ligne de compte, et ces derniers peuvent remporter la mise s'il y a hésitation entre pardon et rejet. Le pardon est, rappelons-le, un des ciments de la vie en société : il est donc là pour resserrer les liens interpersonnels, et peut s'en acquitter à merveille.

Les limites du pardon ?

Finalement, il serait bien pratique si le pardon au quotidien ne s'exerçait que dans les cas de petits conflits aisément solubles. Mais il est vrai que certaines fautes peuvent paraître impardonnables. Il faut alors, certainement, croire en quelque chose de plus grand que soi pour arriver à pardonner…

À chacun son bonheur

Le bonheur ne se veut pas tout fait, mais sur mesure. »

André Gide

Témoignage

« Mes parents sont l'image type du bonheur. Ils sont mariés depuis trente ans et dorment toujours dans le même lit, quand tant de couples font lit à part. Mon père pince toujours les fesses de ma mère quand il arrive après le travail, et elle glousse toujours autant quand il l'embrasse dans le cou… D'ailleurs ils s'embrassent encore comme de jeunes mariés, ça me met parfois mal à l'aise. Et ils se donnent des noms tellement "cucul la praline" que ça en devient ridicule…

Ce qui est marrant, c'est que tous mes amis, la famille, envient mes parents, ou aimeraient avoir des parents comme eux. Beaucoup de mes amis ont des parents divorcés, et ne voient que leur mère ou leur père, ou ont des familles recomposées quelquefois difficiles à vivre. Ils me disent tous que j'ai une chance incroyable de vivre dans une famille si unie avec des parents si aimants…

Le problème, c'est que moi ça me fiche la pression. Avoir des parents si amoureux l'un de l'autre, déjà, ça peut donner l'impression d'être exclue de cette relation, de passer seulement en second, impression que j'ai souvent eue plus jeune, même si je sais que c'est une réaction normale pour tout enfant (qui est par essence égocentrique et donc peu partageur). Ce que je veux dire, maintenant, c'est qu'avoir cette publicité permanente pour le bonheur sous les yeux, ça me met encore plus de pression sur les épaules. Et si moi je ne trouvais pas mon âme sœur ? Et si moi je n'étais pas aussi heureuse ? Et si moi je n'avais tout simplement pas envie de vivre ce genre de vie ? Je suis assez secrète et pudique de nature, très indépendante, et je n'ai pour le moment aucune envie de fonder une famille, de m'attacher, de prendre racine quelque part. J'aimerais être journaliste d'investigation, voyager dans des pays en guerre, prendre des risques, vivre des choses intenses, avoir une vie d'aventurière en somme… Et je suis convaincue qu'une vie comme celle de mes parents, dans un pavillon avec un mari, un chien, un break et des enfants, ça ne me correspondrait pas, bien que ce soit l'image du bonheur que j'ai toujours eue, et que j'ai dû graver dans mon disque dur interne. Parce que je sais en plus que l'on peut très bien être heureux comme ça… Alors je ne leur en veux pas d'être heureux, bien sûr, mais j'aimerais parfois qu'ils laissent apparaître quelques failles pour que je puisse enfin me dire que ce ne sont pas des extraterrestres ! »

Aniça, 26 ans

Un peu de théorie

La faute des médias, de la culture, de l'époque ?

Qu'il est difficile actuellement de se soustraire aux diktats d'une époque où le bonheur est obligatoire ! Nous n'avons jamais été si libres et pourtant si esclaves de pressions titanesques provenant de toutes parts, nous engageant à être heureux pour participer à cette merveilleuse société qu'est la société moderne.

Et pourtant, qu'il est bon de lâcher prise ! Il est en effet plus que nécessaire d'arrêter de se mettre la pression parce qu'on ne correspond pas aux canons du bonheur actuel. Ce n'est pas parce que vous n'êtes pas l'image de l'homme/la famille/la femme parfait(e) que vous n'avez pas le droit d'être heureux ! On nous demande d'être tellement parfaits que les exigences en deviennent irréalistes… La publicité, certains films et la culture en général nous mettent face à certaines règles qui ne peuvent pas être respectées, parce qu'elles demandent trop ou tout simplement parce qu'elles se contredisent.

En effet, sous couvert de prôner la liberté, la modernité ou l'égalité, les règles deviennent de plus en plus tyranniques, que ce soit au travail, dans le couple ou au sein de la famille. Les femmes doivent être de bonnes mères de famille, des employées disponibles à tout moment pour « booster » leurs carrières, des amantes douces et sexy, toujours prêtes pour tenter de nouvelles expériences (décrites longuement dans les magazines féminins et masculins)… Mêmes les hommes, dans leur hégémonie pourtant millénaire, n'échappent pas au phénomène : ils doivent se montrer masculins et compréhensifs, professionnellement agressifs mais pères de famille impliqués, galants mais pas machos, élégants mais pas efféminés… Dans ces conditions, comment arriver à ménager la chèvre et le chou ?

Faire des choix selon ses valeurs et sa personnalité

Si on ne peut faire tout ce qui est recommandé, il faut alors choisir, et se poser plusieurs questions. Dans quels domaines pensez-vous avoir le plus de progrès à faire ? Qu'est-ce qui est véritablement important pour vous ? Dans quoi voulez-vous dépenser de l'énergie ? Quelles sont les choses qui peuvent vous apporter le plus de bonheur selon vous ?

De plus, nous avons tous des personnalités différentes, et il est inutile de vouloir tout changer en même temps : si l'on est introverti, inutile de vouloir du jour au lendemain faire un bain de foule, car se mettre en situation d'échec ou de malaise important est la meilleure façon d'abandonner très vite ses bonnes résolutions. Il est préférable de se fixer de petits objectifs à sa mesure : aller boire un verre une fois par semaine avec ses collègues en petit comité est déjà un premier pas qui, s'il réussit, sera un bon présage pour le second.

Ne pas toujours suivre les livres de développement personnel !

Avoir du recul sur ce genre de lecture et ne pas tout prendre au pied de la lettre est important. Ces livres (on inclut celui que vous tenez présentement), sont écrits pour le plus grand nombre, et sont forcément généralisants. Il est préférable d'essayer de mettre en œuvre ce que l'on pense le mieux comprendre, mais il est inutile, voire démotivant de vouloir tout appliquer tout de suite. En revanche, si vous voulez appliquer certains conseils, il est crucial de le faire tout de suite, car sinon le risque est de ne jamais le faire... Et puis... Malgré les bonnes intentions et les conseils précieux du livre que vous tenez entre les mains, et malgré la volonté de chaque lecteur pour être plus heureux, il peut s'avérer que cela ne suffit pas pour retrouver le sourire. C'est déjà un pas important de réfléchir à soi, à ses réactions, aux raisons qui font que vous ressentez le besoin de lire ce livre. Mais il peut être utile de continuer le travail d'introspection en consultant un thérapeute, qui puisse véritablement vous aider à appliquer dans la vie quotidienne certains principes, et qui vous accompagne physiquement et psychologiquement dans cette démarche. Le bonheur est parfois tout près, il suffit de faire quelques pas...

À RETENIR

Le bonheur n'est pas un stéréotype

Nous avons tous un bonheur qui nous correspond. Celui véhiculé par les médias, la culture ou la famille peut être une inspiration, mais ne doit en aucun cas devenir une obligation. Il est important de prendre du recul par rapport aux stéréotypes communiqués autour de nous. Nous ne sommes ni des clones ni des robots.

Agir selon ce que l'on est

Pour certains, le bonheur ce sera de buller sur une plage déserte, pour d'autres ce sera de faire du shopping à New York. Quelle différence entre les deux ? La personnalité, les envies, les besoins, les priorités propres à chaque personne. Ces facteurs changent selon l'âge, le sexe, le niveau socioculturel de chacun, et il est dommage de s'accrocher à des besoins qui ne sont pas vraiment les siens…

Savoir se fixer des objectifs

« Avoir des objectifs est non seulement nécessaire pour nous motiver, mais c'est essentiel pour que nous restions en vie. »

Robert H. Shuller

Témoignage

« Mes parents sont médecins. C'est la raison pour laquelle j'ai décidé, bien avant mon baccalauréat, de m'orienter vers cette branche. C'était naturel pour moi, et évidemment mes parents étaient très fiers que je choisisse ce métier, en digne héritière de la famille... Je suis donc partie à Lille, après mon bac, pour faire une année de prépa.

Ça a été terrible : je passais mes jours et mes nuits à étudier. L'école était connue pour avoir un très bon taux de réussite, et les profs nous mettaient donc beaucoup de pression. Mais ce qui me dérangeait le plus finalement, c'est que 70 % des étudiants étaient fils ou fille de médecin ! À chaque fois que je demandais à quelqu'un pourquoi il voulait devenir médecin, la réponse était toujours un truc comme "mes parents sont médecins, donc j'ai toujours trouvé ça naturel" ou encore "Je ne vois pas ce que je pourrais faire d'autre : le cabinet de mon père m'attend...".

Je me suis alors beaucoup interrogée sur mes propres motivations, sur ce que je ressentais par rapport à ces études : est-ce que je faisais cela pour faire plaisir à mes parents ? Est-ce que je me voyais soigner des gens pendant des années ? Je ne le savais pas trop, mais le doute s'était installé et la question me turlupinait de plus en plus

souvent. De ce jour, mes notes, ma motivation et mon engagement ont baissé. Je m'étais rendu compte que ce n'était peut-être pas tout à fait ce que je voulais. Finalement, j'ai raté cette première année et je ne l'ai pas recommencée.
Après une année sabbatique, que j'ai mise à profit pour voyager et réfléchir, j'ai décidé de devenir prof, de maths ou de biologie, parce que j'aimais les métiers humains, et j'aimais surtout le fait de transmettre mon savoir. Je m'en suis aperçu après avoir travaillé au Japon en tant que prof de français remplaçante, pour dépanner une amie : je n'aurais jamais cru être capable de faire preuve de pédagogie, alors qu'en fait, j'ai adoré ça ! Aujourd'hui, je crois être devenue ce que je voulais vraiment être. Je suis toujours au service des autres, et je crois que je suis beaucoup plus heureuse ainsi. Mes parents l'ont bien pris (sauf au début...), ils voient que je suis épanouie et c'est ce qui leur importe vraiment... »

Ariane, 34 ans

Un peu de théorie

Pourquoi se donner des objectifs ?

En quoi poursuivre un objectif personnel est-il si crucial pour notre bonheur ? Ne serions-nous pas plus heureux oisifs, sans pression, sans but, juste portés par les événements ?
Évidemment, la réponse est non. En effet, les personnes qui disent ne pas avoir d'objectifs dans la vie sont bien plus malheureuses que celles qui en ont un, même si celui-ci n'est pas (encore) atteint. Se fixer des objectifs revient en réalité à orienter sa vie vers quelque chose, à lui donner du sens. Et comme nous le voyons dans d'autres chapitres de ce livre, donner un sens à sa vie est une condition sine qua non du bonheur.

Structurer sa vie

La poursuite d'un objectif nécessite un certain cadre. Souvent, il ne peut être atteint qu'en réussissant une série d'étapes logiques et consécutives. Se fixer des délais à respecter pour chaque étape est par exemple un bon moyen pour structurer sa vie, mais également pour se motiver. En effet, l'objectif final est très souvent un but à long terme, qui demande beaucoup de temps, d'énergie. Se fixer des échéances intermédiaires peut être utile et même nécessaire pour garder la motivation sur une si longue période. Cela permet de faire le point sur ce qui a été accompli et sur ce qui reste à accomplir, tout en prenant du recul sur soi.

De plus, quand nous poursuivons un objectif, nous sommes plus concentrés, plus engagés. Cela nous aide à définir nos priorités et à laisser de côté les activités qui ne nous apportent rien, comme regarder une émission inintéressante à la télévision.

Renforcer l'estime de soi

L'estime de soi est une des composantes majeures du bonheur : mieux on s'estime (de façon lucide évidemment) et plus on a de chances d'être heureux. Et l'estime de soi, ça se travaille ! Réussir une tâche difficile, acquérir de nouvelles compétences, faire preuve de courage pour continuer malgré les éventuels obstacles, tout cela aide à renforcer l'estime de soi, à la rendre plus solide. Et là commence le cercle vertueux de l'estime de soi : avoir une meilleure estime de soi rend confiant en ses propres compétences, en son avenir et en ses projets, ce qui nous aide à les réaliser… La fierté de mesurer ce qu'on a accompli pour atteindre son objectif est la première pierre du bonheur.

Les bons objectifs

Évidemment, un projet de vie ne se choisit pas à la légère : si l'on doit s'engager pour quelques années ou pour toute une vie, autant choisir cet objectif avec soin ! Il est important de faire attention à ce que ce but soit bien le vôtre (objectif intrinsèque) et non pas celui de quelqu'un d'autre (objectif extrinsèque). Comme Ariane, il est parfois facile de se mentir en prenant pour nôtres les projets de quelqu'un d'autre. Nous sommes là pour faire plaisir aux autres, c'est vrai, mais pas à notre propre détriment ! Réfléchissez aux raisons qui vous font privilégier tel ou tel projet : est-il choisi de façon consciente ou au contraire imposé par la famille, le compagnon, la culture ? A-t-il du sens pour vous ? En sortirez-vous enrichi personnellement si vous réussissez ? Voulez-vous être fier de vous ou voulez-vous qu'une tierce personne le soit ? Tout cela doit être pesé dans de fines balances, de façon lucide, pour ne pas se trouver, des années après, victime de son propre dévouement ou de son aveuglement.

Enfin, et c'est peut-être le plus dur, il est important de se ménager des temps de pause pour réfléchir. Nous changeons tous au fil du temps. Nos responsabilités, nos attentes et les aléas de la vie nous font parfois dévier de nos objectifs passés… et puis, les objectifs que nous avions à 20 ans peuvent paraître vains à 40. Il est sage de ne pas s'enferrer dans des situations sans issue. Refaire le point régulièrement sur nos attentes, nos valeurs et la cohérence de ces dernières avec nos objectifs est indispensable pour ne pas avoir à poursuivre de vieilles chimères. Et il faut bien se dire que ce n'est pas se renier que faire cela mais seulement… mûrir ?

À RETENIR

Un bon objectif est une part de bonheur

Le bonheur n'est pas seulement dans l'accomplissement et l'atteinte de son objectif, il est également sur le chemin menant au but. Car se fixer un objectif, c'est se prendre en main, contrôler sa vie, bref, marcher vers son destin, mais de façon consciente.

Poursuivre un objectif structure la vie et renforce l'estime de soi

En effet, pour atteindre son objectif, il est nécessaire d'acquérir des compétences, de respecter des délais, d'apprendre certaines techniques. Pour faire tout cela, il est nécessaire de se créer un cadre, d'avoir une certaine discipline. Le bonheur n'est ni dans le chaos ni dans l'organisation millimétrée, mais dans le sens que nous donnons aux choses et aux gens.

Bien choisir son but

Il faut être vigilant sur les raisons qui nous font élire un objectif plutôt qu'un autre. Les pressions extérieures, comme l'appât du gain, la famille, ou la culture ne sont pas de bonnes raisons. Car au final, l'objectif que nous poursuivons ne doit servir qu'une seule cause, être heureux.

S'engager à agir

« Qui ne tente rien n'a rien. »

Proverbe français

Témoignage

« Ma meilleure amie, Hélène, a toujours été très romantique, fleur bleue. Je ne sais pas à quoi c'est dû, peut-être à une enfance un peu esseulée : elle passait son temps à lire des contes, des histoires fantastiques, qui lui permettaient de s'évader de sa chambre, dans des rêves féeriques je suppose. Je la connais depuis longtemps : ses parents ont toujours été très occupés, et comme elle n'a jamais été une grande sportive (contrairement à moi qui ne supportais pas d'être assise pendant des heures), elle préférait rester dans sa chambre pour lire et songer à tout ce qu'elle pourrait faire quand elle serait enfin grande. L'embêtant, c'est que maintenant qu'elle est adulte, elle est toujours comme ça : elle préfère rêver plutôt qu'agir dans la réalité. Par exemple, en ce qui concerne les mecs, elle attend que le prince charmant arrive pour l'emmener sur son blanc destrier, comme dans les contes de fées... Et j'exagère à peine ! Évidemment ça n'arrive jamais, et comme elle n'est pas capable de prendre l'initiative, elle laisse passer beaucoup de belles occasions. En plus elle est jolie, une beauté très délicate, et je ne compte plus les hommes qui aimeraient sortir avec elle, mais je crois qu'elle a peur que la réalité soit décevante par rapport à son rêve, et elle préfère s'accrocher à ce dernier plutôt qu'affronter la vérité... Même au niveau professionnel, c'est un peu pareil. Elle attend que le bon poste vienne frapper à sa porte ! C'est moi qui lui ai trouvé son dernier job, et je sais bien qu'elle a dû le

prendre parce qu'elle n'avait pas le choix, mais je sais aussi qu'elle n'y est pas heureuse. Pourtant quand je lui dis de se prendre en main... pff, elle a l'impression que je la critique ! Comment lui faire accepter qu'elle ne pourra jamais être heureuse si elle ne se bouge pas un peu ? C'est ce que je ne comprends pas : moi, j'essaie toujours de trouver quelque chose à faire si je ne suis pas satisfaite de ce que j'ai ! Ça ne marche pas toujours, mais au moins j'essaie... Je crois que cela me rassure d'avoir l'impression de contrôler ma vie. Mais en revanche, si je m'engage dans quelque chose, je m'y engage à fond, jusqu'à ce que ce soit terminé, et j'en tire beaucoup de fierté. Je pense que cette philosophie de vie est plus porteuse de sens que le fait de s'engager à moitié, ou alors de tourner les talons dès qu'il y a une difficulté. Pour moi, chacun doit trimer dur pour y arriver, et à cœur vaillant, rien d'impossible. »

Françoise, 28 ans

Un peu de théorie

Le bonheur exige des efforts

Certaines personnes pensent que le bonheur est là et qu'il suffit de l'attendre. Elles aimeraient que leurs vies ressemblent aux contes de leur enfance, comme Hélène, la meilleure amie de Françoise. Telles des Blanche-Neige endormies, elles attendent que le Prince Charmant les embrasse, et les emmènent dans le royaume enchanté du bonheur éternel. Sans se rendre compte que ces contes véhiculent une image bien triste de la femme : soumise, attentiste, voire carrément bête, il serait peu judicieux de les prendre en exemple pour réussir sa vie ! En effet, être heureux n'est pas simple. Ou plutôt, être heureux est peut-être simple une fois que l'on a trouvé la clef, mais ce n'est certainement pas en attendant que cette dernière tombe du ciel que l'on peut ouvrir les portes du bonheur. Être heureux, qu'est-ce que cela signifie, à la lumière de tout ce qui a été dit jusqu'ici ? Choisir et atteindre ses objectifs, avoir des relations positives avec son entourage, chercher à acquérir ce que l'on souhaite (de nouvelles connaissances, une maison plus grande, un poste qui nous convient), savourer ses succès (et donc réussir certaines tâches au préalable), savoir pardonner, prendre des risques, créer, montrer de la reconnaissance... Tout cela demande, exige, nécessite de l'énergie, de l'action ! Même pour savourer un coucher de soleil, il faut souvent avoir fait l'effort de trouver le lieu idéal, et d'y aller au bon moment...

De nombreuses études ont confirmé que c'est dans l'action que le bonheur se manifeste le plus. Cela permet notamment d'éprouver un sentiment de contrôle plus important, élément essentiel pour une bonne image de soi. Comment être heureux de façon durable si l'on pense ne rien contrôler dans sa vie ? Attendre que le bonheur arrive, c'est avoir une vision passive, déresponsabilisée, naïve de la vie. En outre, on risque de l'attendre bien longtemps...

L'engagement : le secret du bonheur ?

Agir oui, mais comment ? Le plus important est de s'engager de façon volontaire dans une ou plusieurs activités qui apportent du plaisir (émotion positive) et/ou de la satisfaction (pensée positive). En outre, plus l'engagement est fort et profond, plus le bonheur est affermi. Comme pour un couple, le bonheur repose sur la capacité à s'engager, à s'investir émotionnellement et psychologiquement dans une activité que l'on considère comme importante. C'est la raison pour laquelle il convient d'y réfléchir à deux fois avant de se lancer : est-ce que cette activité, cet objectif que je me suis fixé correspond à mes attentes, à mes besoins ? Que suis-je prêt à sacrifier pour parvenir à mes fins ? De plus, le fait de s'engager dans des activités ou des relations enrichissantes procure souvent d'autres avantages connexes.

Par exemple, si votre objectif est de passer un an en Chine parce que vous êtes passionné par ce pays, il vous faudra peut-être prendre des cours de chinois (ce qui sera déjà une compétence supplémentaire acquise), avec d'autres élèves et un professeur (qui pourront peut-être devenir des amis, ou vous donner de précieux conseils), etc. Peut-être allez vous aussi vous passionner pour la calligraphie, qui sera alors une occasion supplémentaire d'acquérir de nouvelles connaissances, de rencontrer de nouvelles têtes. Enfin, le fait de s'engager dans quelque chose qui nous tient à cœur est extrêmement motivant. La motivation, cet élan qui nous fait accomplir de grandes choses, doit être nourrie et ne souffre pas les demi-mesures. Mettre à exécution les décisions prises nous met à l'abri des doutes : la motivation est aussi dans l'action, car une fois que l'on agit il est plus difficile de faire machine arrière… Et puis agir peut devenir grisant, surtout quand on voit les progrès faits, les changements opérés. Enfin, c'est dans l'action que la réflexion prend parfois tout son sens puisque nous mettons en pratique nos convictions…

À RETENIR

Le bonheur n'est pas dans l'attente

Certaines personnes attendent le bonheur toute leur vie, pensant avoir les yeux et les oreilles grands ouverts pour l'accueillir. Mais être ouvert au bonheur ne suffit pas, il faut savoir provoquer la chance et prendre le risque de vivre pour avoir droit à sa part de bonheur.

S'engager dans des activités choisies et gratifiantes

Cela peut paraître évident, mais être heureux, c'est un engagement de soi tout entier ! Et un engagement de soi nécessite une réflexion au préalable, pour s'engager en toute lucidité. Mais une fois que l'on se lance, il ne faut pas hésiter à « y aller à fond » ! Le bonheur ne supporte pas la demi-mesure…

Rester motivé

Des obstacles au bonheur, il y en a toujours. Mais rester à se morfondre dès qu'une difficulté apparaît n'est certainement pas la solution à privilégier. Atteindre le bonheur et agir pour cela nécessite une motivation de tous les jours et c'est souvent dans l'action que l'on trouve la motivation…

Privilégier le bonheur au pluriel

« Il y a une foule de petits bonheurs qui suffisent pour parfumer la vie. »

Alphonse Karr

Témoignage

« J'ai rencontré ma femme il y a quarante-cinq ans, lors d'une croisière en Méditerranée. Je sais que ça peut paraître "bateau", mais je suis tombé amoureux instantanément, le coup de foudre comme on dit. Nous nous sommes mariés deux ans plus tard, dans le Tarn.

Myriam était faite pour être mère et voulait absolument avoir plusieurs enfants. Nous en avons eu cinq en tout. Je sais que ça fait beaucoup maintenant, mais à l'époque, c'était commun d'en avoir autant. Nous avons eu notre premier fils, Jean, un an après notre mariage, puis tout s'est enchaîné rapidement.

Myriam a tout de suite arrêté de travailler pour se consacrer à l'éducation de nos enfants. Elle s'en est acquittée à merveille et ils sont tous devenus des personnes équilibrées… Même si elle était plutôt mère poule, à s'inquiéter pour un rien et à être derrière eux tout le temps. Je dois avouer qu'il y a eu des tensions à certains moments, parce que j'avais l'impression qu'elle me négligeait : je me sentais comme transparent. On ne parlait plus que des enfants, de leur scolarité, de leurs problèmes de santé… Plus rien ne comptait sauf eux. Et puis mis à part pour mettre en route un nouveau bébé, côté galipettes… C'était comme si la femme n'existait plus, et que seule la mère avait survécu. Je ne m'en plains pas vraiment : je m'en suis contenté. Je préférais rester avec elle, même si notre relation avait changé, parce

que j'aimais sa personne, j'aimais quand même ce qu'elle était. Mais le moment le plus dur pour elle et nous, c'est quand tous les enfants sont partis de la maison. Le petit dernier, Loïc, a quitté la maison il y a dix ans. Myriam l'a très mal vécu. Je crois qu'avec le départ du petit, on lui a enlevé une part d'elle-même : elle a fait une grosse dépression. Elle n'avait plus goût à rien. Elle qui était si active, tout le temps à cuisiner, nettoyer, jardiner, elle s'est mise à dormir tout le temps, et même quand elle était réveillée elle ne faisait plus rien...
Heureusement, ma seule fille, Bénédicte, a eu des jumeaux il y a sept ans, et cela a beaucoup aidé Myriam. Elle a recommencé à se lever, à sourire, à rire. Elle travaille maintenant comme bénévole dans un orphelinat de la région et je crois que ça lui fait beaucoup de bien. Je crois qu'on peut dire que pour elle, les enfants ont été toute sa vie ! »

Henri, 68 ans

Un peu de théorie

Le danger du bonheur au singulier

On pourrait aisément comparer le bonheur à une belle maison. Pour que cette maison traverse l'épreuve du temps sans trop s'abîmer, pour qu'elle ne s'écroule pas à la moindre tempête, elle doit avoir des fondations solides, et plusieurs murs porteurs. Le bonheur, lui, doit aussi avoir des fondations solides, qui sont la personnalité et le caractère de chaque individu, façonnés notamment grâce à un environnement familial stable et sécurisant, à un patrimoine génétique avantageux et à d'autres facteurs divers.
Mais des fondations solides ne sont pas suffisantes pour assurer le bonheur, si celui-ci ne peut compter que sur un seul mur porteur, c'est-à-dire

un seul moyen d'être heureux. En effet, certaines personnes répartissent leur « capital bonheur » de façon déséquilibrée, et sont alors tributaires d'une seule source de bonheur. Pour Myriam par exemple, la seule façon pour elle d'être véritablement heureuse est de s'occuper de ses enfants, sur qui elle a concentré toutes ses attentes et toute son énergie, au point de négliger les autres parties de sa vie (son mari et son travail). Pour d'autres personnes, ce mur porteur peut au contraire être le travail, qui prime alors au détriment du reste.

Le problème, c'est quand le travail ou les enfants viennent à disparaître, parce qu'ils sont grands ou parce qu'on part à la retraite. La source de bonheur se tarit, laissant pour seul héritage une personne désolée et rendue « inutile ». Car c'est souvent la sensation ressentie par ces individus, qui ont alors l'impression d'avoir « tout perdu » : leur raison de vivre, c'est-à-dire le sens qu'ils donnaient à leur vie. Cette raison de vivre, qui n'était à la base qu'une partie de leur identité, est devenue au fil du temps leur principale caractéristique, la seule chose à travers laquelle ils se définissent. Henri le dit justement très bien : *« C'était comme si la femme, l'amante n'existait plus, et que seule la mère avait survécu. »*

Le bonheur au pluriel

Il est important de s'investir dans ce qui nous tient à cœur, dans des activités ou des relations enrichissantes. Mais pour que ces activités ou ces relations restent épanouissantes, il est aussi crucial de ne pas fonder toute son existence dessus. Maintenir l'équilibre entre ses loisirs, sa famille, ses amis, son travail et soi-même est une des conditions du bonheur durable. Sans cet équilibre, le bonheur peut devenir très vite bancal, car aucune réparation croisée n'est possible. Une réparation croisée, si l'on reprend la métaphore de la maison, est le fait de s'appuyer sur les autres murs porteurs pour compenser la destruction de l'un d'eux. Mais si l'unique mur porteur vient à disparaître… De plus, une personne qui s'investit de façon démesurée dans une activité (ou une relation) demande souvent une reconnaissance correspondant à son investissement, et peut facilement être frustrée si les résultats ne sont pas à la hauteur de ses attentes…

Varier les activités qui nous procurent du bonheur limite ainsi l'adaptation hédonique : si vous adorez le homard, mais que vous en mangez à tous les repas, il y a de fortes chances que le plaisir ressenti décroisse au fil du temps. Vos sensations s'émousseront car vous allez vous habituer au homard. La rareté peut aussi faire partie du plaisir : pour cela, il faut apprendre à éviter la routine, mais aussi à se frustrer intelligemment pour apprécier ce que l'on finit par s'octroyer…

Beaucoup d'entre nous ont des passions, des hobbies, et certains voudraient en faire leur métier. Mais attention ! Faire cela est un des moyens de détruire son équilibre : une longue réflexion est donc de mise. En effet, tant que la passion reste une passion, elle peut contrebalancer les autres domaines que sont la famille ou le travail. D'ailleurs, il est alors délectable de s'isoler pour s'y adonner : le plaisir est toujours aussi vif, et si celui-ci s'émousse, il est encore possible de s'arrêter un moment pour reprendre plus tard. Mais quand la passion devient un métier, elle devient une obligation et peut s'avérer ennuyeuse ou contraignante…

À RETENIR

Conjuguer le bonheur au pluriel

Il est important de varier les plaisirs et bonheurs dans la vie, car cela nous rend moins fragiles. Le bonheur se construit grâce à l'équilibre délicat entre tous les éléments de notre quotidien (la famille, les amis, le travail, le temps pour soi…). Cela permet notamment de garder des ressources en cas de difficultés dans l'un des domaines (sur)investis.

Lutter contre l'adaptation hédonique

Il faut apprendre à se frustrer pour apprécier ce que l'on a (chose difficile à faire dans notre société de consommation), car nous nous habituons même au plaisir, ce qui a pour effet de le rendre moins… plaisant. Évitez la routine, ou rendez rare ce que vous pouvez avoir tous les jours et vous verrez qu'il aura meilleur goût !

L’estime de soi

Qu'est-ce que l'estime de soi ?

« Les gens ne vous estiment jamais plus que vous ne vous estimez vous-même. »

Gilbert Choquette

Témoignage

« Je crois que, pour moi, l'estime de soi, c'est être fier de ce que l'on a accompli et de ce que l'on est devenu. Je me suis marié il y a trente ans (et je le suis encore !), j'ai eu trois enfants et j'en suis très fier. Ils sont tous les trois installés et nous avons déjà deux beaux petits-enfants. Je suis associé dans un gros cabinet immobilier, je gagne plutôt bien ma vie et j'ai une belle maison du côté de Fontainebleau. Je travaille beaucoup et ce, depuis toujours. Mes parents se sont saignés aux quatre veines pour que je puisse faire de vraies études. Mon père travaillait de nuit dans une usine et ma mère tenait un petit restaurant de campagne avec ma tante. Je n'ai pas fait des études commerciales par hasard. Mes parents m'y ont poussé, car ils croyaient fermement que c'était la meilleure façon de réussir. Et ils avaient raison finalement ! Ce n'était pas un domaine qui m'attirait beaucoup, mais j'y suis allé quand même. J'ai réussi à terminer mon cursus et à me lancer dans la vie active. C'est vrai qu'à l'époque, il y avait moins de problèmes pour trouver du travail, mais j'ai aussi connu des périodes de vaches maigres !

Quand j'ai commencé à travailler, j'avais l'angoisse de ne pas être assez performant par rapport aux attentes de mon entourage… C'était difficile de me montrer toujours au top et souriant, que ce soit avec les collègues, qui avaient les dents longues, avec les clients, qui cherchaient la faille pour négocier, ou encore avec mes parents, à qui je ne pouvais confier mes doutes. Je me suis souvent demandé si j'étais vraiment fait pour ça... Mais je ne voyais pas trop comment faire autre chose, surtout avec une famille à charge. En définitive, je me dis que ce manque de confiance m'a bien servi : je prenais des notes sur tout, je préparais longuement chaque rendez-vous client, tant et si bien que mon patron vantait mon sérieux. Je n'osais pas lui dire qu'au fond, c'était la peur de ne pas y arriver qui me rendait aussi perfectionniste. Avec l'âge et l'expérience, je me suis montré beaucoup plus confiant, forcément. Il est sûr que je suis beaucoup plus serein maintenant qu'il y a quelques années. J'ai eu la vie que beaucoup de monde aimerait avoir. Je me sentirais même ingrat de dire que ce n'est pas la vie dont j'ai rêvé, car, vraiment, il n'y a rien que je puisse reprocher à quiconque. J'ai juste parfois l'impression d'avoir beaucoup vécu pour les autres et finalement assez peu pour moi-même. Mais j'ai encore ma retraite, n'est-ce pas ? »

Pierre, 63 ans

Un peu de théorie

L'estime de soi : la réponse complexe à une question simple

L'estime de soi, chacun peut, comme Pierre, en donner une définition personnelle. D'ailleurs, des centaines de psychologues ont débattu et débattent encore sur sa définition. La meilleure définition de l'estime de soi est aussi la plus simple. L'estime de soi se résume en une question, ou plutôt deux : Comment je me vois ? et Ce que je vois me plaît-il ? Évidemment, une fois le problème posé, sa résolution n'en demeure pas moins complexe... En fait, trois éléments doivent être envisagés quand il s'agit de se juger : *« Est-ce que j'aime la personne que je suis ? »* (ma valeur absolue), *« Est-ce que je me sens apte à réussir par moi-même ? »* (ma valeur relative) et *« Est-ce que je suis capable de me projeter dans le futur ? »* (ma valeur potentielle).

Être conscient de sa « valeur absolue »

Être conscient de « sa valeur absolue », c'est se donner le droit d'exister. C'est aimer sa propre personne, avec ses défauts et ses qualités, et se donner le droit d'être aimé en retour. C'est cet amour sans condition – mais non-aveugle – qui permet de vivre les échecs sans désespérer ou de courtiser la personne qui nous plaît.

Cette lucidité bienveillante n'est malheureusement pas innée, mais s'acquiert dès la petite enfance, voire pendant la grossesse, grâce à l'amour inconditionnel des parents ou des personnes tenant lieu de parents, dont un des rôles majeurs est de faire passer le message suivant : *« Je t'aimerai quoi que tu fasses. »* C'est une condition importante pour construire une estime de soi satisfaisante et stable.

Faire confiance en sa « valeur relative »

La « valeur relative » d'un individu est ce que l'on appelle, en général, la confiance en soi. Elle dépend de ses propres performances et s'appuie donc essentiellement sur la conscience de ses compétences, acquises par l'apprentissage et l'expérience. Car l'estime de soi n'est pas seulement l'amour de soi, c'est aussi le sentiment d'être compétent, habile, doué, dans des domaines investis et que l'on juge importants. Ce sentiment d'« efficacité personnelle » permet de réagir à bon escient et au bon moment, de prendre des décisions importantes, de pallier l'imprévu... En un mot, d'agir. On reconnaît ceux qui en manquent dans leur tendance à remettre toujours au lendemain ou à ne pas oser dire non, même quand ils sont dans leur droit. Cette confiance se construit également, mais reste assez fluctuante tout au long de la vie (d'où son nom de « relative »). Cependant, il est certain qu'elle se fortifie avec le nombre de difficultés surmontées, comme le souligne Pierre dans son témoignage : plus on est à l'aise avec un travail qui semblait difficile au début, plus notre confiance en nous-mêmes augmente.

Croire en sa « valeur potentielle »

Croire en sa « valeur potentielle », c'est croire que l'on peut s'améliorer, se projeter dans l'avenir et se donner les moyens d'atteindre ses objectifs. Notre valeur potentielle est souvent conditionnée au travers de ce que les autres ont vu ou voient en nous, ce que l'on appelle le phénomène de projection. Dans le cas de Pierre, par exemple, sa valeur potentielle a été conditionnée par les attentes de ses parents, qui ont désiré pour lui un avenir « supérieur » au leur, et qui l'ont rendu, d'une certaine manière, dépositaire de leurs propres ambitions.

Prendre conscience de sa valeur potentielle, ce que Lelord et André* appellent la « vision de soi », est un formidable moteur pour avancer, dans la mesure où elle nous pousse à nous dépasser. Mais elle peut aussi se révéler écrasante, si l'on ne se sent pas capable de l'assumer. A contrario, une personne dont l'entourage n'a jamais eu aucune ambition pour elle peut voir sa valeur potentielle réduite à néant : *« À quoi bon me démener si personne ne croit en moi ? »*

* Christophe André et François Lelord sont, respectivement, psychiatre et psychothérapeute, et auteurs, entre autres, de *L'Estime de soi, s'aimer pour mieux vivre avec les autres* (éd. Odile Jacob, 2008).

À RETENIR

L'estime de soi : la somme de plusieurs facteurs interdépendants

Il est impossible de déterminer l'origine exacte d'une haute ou d'une faible estime de soi. Mais les difficultés les plus importantes proviennent souvent d'une incertitude face à sa valeur absolue (amour de soi).

L'estime de soi : un processus déterminé par le monde extérieur

L'estime de soi est bien un processus souvent conditionné par notre enfance, pendant laquelle nous sommes perméables aux attentes, aux désirs et aux stimulations du monde extérieur, c'est-à-dire principalement de notre famille.

L'estime de soi : un cercle vicieux ou vertueux

L'estime de soi est à la fois le résultat et la cause de notre comportement, puisqu'elle influe sur notre façon de penser et donc de réagir.

Comment nos croyances influencent nos actions

« La vie est une prophétie que vous réalisez vous-même. »

Denis Waitley

Témoignage

« Je viens d'une famille très modeste. Mes parents sont portugais et ont émigré en France quand j'avais 5 ans. Je suis fille unique. Je crois que mes parents auraient préféré avoir un garçon. J'ai toujours entendu mon père me répéter : "Qu'est-ce qu'on va faire d'une fille comme toi ?" avec un air désolé.

Je ne parlais pas très bien le français au début et à l'école, j'avais des résultats assez moyens. Mais même si je ramenais une bonne note à la maison, ce n'était jamais assez bien. Il me disait souvent : "Tu vas finir femme de ménage si tu continues comme ça." À force de l'entendre dire que je n'étais bonne à rien, j'ai fini par m'en convaincre. Je me suis dit que je n'étais pas faite pour les études et que je n'y arriverais pas, et mes notes ont commencé à dégringoler. Je ne travaillais même plus mes cours, parce que je savais que mes notes ne remonteraient pas. À la maison, ma mère, qui n'est jamais vraiment allée à l'école, était finalement contente que je l'aide plutôt que jde faire mes devoirs.

Je suis partie en apprentissage pour devenir serveuse. J'ai commencé à travailler très rapidement. J'étais serveuse dans une petite brasserie lyonnaise, mon patron me louait une petite chambre de bonne. Je me suis mariée avec Patrick, un cuisinier du restaurant. Nous sommes toujours ensemble, nous avons deux enfants et nous avons ouvert un restaurant il y a un an en banlieue parisienne. Depuis quelques mois, il m'encourageait à faire une formation en comptabilité, pour l'aider à tenir le restaurant et parce que les comptables coûtent cher. Au début, j'ai refusé parce que je pensais vraiment ne pas y arriver. J'ai fini par céder et j'ai suivi un stage organisé par la chambre de commerce. Et je me suis rendu compte que je n'étais pas si idiote… Aujourd'hui, je ne vois plus beaucoup ma mère, qui vit toujours à Roubaix depuis la mort de mon père. Je leur en veux toujours au fond. Je suis sûre que c'est en partie à cause d'eux que je n'ai pas réussi à l'école. S'ils m'avaient encouragée au lieu de m'enfoncer, je suis certaine que j'aurais pu faire des études plus longues. Le pire, c'est que je ne sais pas s'ils ne croyaient vraiment pas en moi, ou s'ils étaient juste maladroits et qu'ils pensaient me motiver en utilisant la méthode "dure". Dans tous les cas, et même si je ne suis pas mécontente de ma vie au final, je sais que je ne referai jamais la même chose avec mes enfants. »

Ana, 47 ans

Un peu de théorie

Deux scénarios, deux estimes de soi

Imaginez que vous soyez une personne très réservée, parce que vous ne voyez pas vraiment pourquoi les autres s'intéresseraient à vous. Un collègue bien intentionné insiste pour vous inviter à une soirée, à laquelle vous êtes sûr de ne parler à personne. Et effectivement, vous passez toute la soirée assis sur une chaise, crispé et mal à l'aise. Alors que vous êtes aux toilettes, vous entendez deux autres invités discuter et dire : *« Oh là là, tu l'as vu l'autre, celui qui est scotché au mur du fond ? Qui l'a invité ?*

Il a l'air sinistre. » Évidemment, vous repartez de la soirée encore plus mal, en vous disant que décidément, vous n'intéressez vraiment personne. Au contraire, imaginez que vous soyez une personne plutôt bien dans sa peau, sans trop de complexes (disons pas plus que la moyenne). Invité à la même soirée, vous vous dites que c'est l'occasion pour rencontrer un peu de monde. Et là, vous tombez sur une amie de votre collègue, avec qui vous passez une soirée délicieuse. Vous vous dites que vous avez bien fait d'accepter l'invitation...

L'estime de soi conditionne notre comportement

L'estime de soi, c'est la conscience et l'évaluation de ses propres capacités et compétences. Cette évaluation est évidemment biaisée puisqu'elle est le fruit de l'expérience, mais aussi du regard des autres : parents, amis, entourage. Ce jugement sur soi-même entraîne des croyances, très profondément ancrées la plupart du temps, sur ce qu'on est capable ou non de faire. Un enfant dont les parents ont toujours pensé et dit qu'il n'était qu'un bon à rien va finir par intérioriser cette pensée et va bien finir par croire qu'il n'est bon à rien, ce qui entraînera forcément une baisse de son estime de soi.

Qu'est-ce que l'autoréalisation des prophéties ?

Nous avons tendance à démontrer ce que nous croyons. Dans le cas d'Ana, croire qu'elle ne peut réussir ses études finit par la décourager et son attitude finit par confirmer ce qu'elle (et ses parents) pensait : elle a échoué dans ses études parce qu'elle n'était pas faite pour ça. Au contraire, si elle avait eu l'intime conviction qu'elle allait y arriver, elle aurait peut-être pu se donner les moyens d'y arriver... C'est ce que les psychologues appellent « l'autoréalisation des prophéties ». C'est notre capacité à adapter notre comportement à nos croyances, afin de correspondre à l'idée que nous nous faisons de nous-mêmes. Ce phénomène est commun à tous les êtres humains, nul n'y échappe ! C'est ce que certaines personnes appellent « le destin »... De plus, nous avons la capacité de sélectionner seulement les informations qui confirment ce que nous pensons. C'est ainsi que nous collons des « étiquettes » sur chacun et d'abord sur nous-mêmes ; il est très difficile de les détacher. C'est ce phénomène qui stigmatise, par exemple, les personnes issues de « banlieues difficiles ». À force d'être considérées comme des parias, ces personnes finissent de fait par correspondre aux stéréotypes qui leur sont attachés. Il faut une force de conviction, une estime de soi très bonne (et un peu d'aide de la part d'autrui) pour arriver à changer cette étiquette.

L'effet Pygmalion

Dans la sphère de l'éducation, ce processus est appelé l'effet Pygmalion. Cet effet Pygmalion a été démontré par un psychologue, Robert Rosenthal. Il a déclaré à des enseignants que certains de leurs élèves avaient un QI plus élevé que les autres (cette assertion était évidemment fausse). Par la suite, il s'est aperçu que les élèves « sortis du lot » avaient, après un semestre, considérablement amélioré leurs résultats, alors qu'eux-mêmes n'étaient pas au courant qu'ils étaient censés avoir un QI supérieur à celui des autres. Rosenthal explique que les professeurs, convaincus d'avoir de bons élèves, avaient non seulement mieux apprécié leurs travaux, mais avaient aussi réussi à les motiver, en leur prodiguant plus d'attention et de confiance. Sa théorie et ses expériences tendent donc à prouver que les élèves sur lesquels les professeurs mettent beaucoup d'espoir ont tendance à mieux réussir que ceux dont on n'attend rien de particulier...

À RETENIR

Nous sommes ce que nous croyons être

L'estime de soi est un concept purement subjectif, personnel et constitue une représentation de soi. Mais les aptitudes que nous pensons avoir (ou ne pas avoir) peuvent être différentes de celles que nous avons réellement.

Nos comportements correspondent à ce que nous croyons être

L'estime de soi est issue des croyances que nous nous forgeons en vieillissant. Ces croyances, qu'elles soient vraies ou fausses (qui peut le dire ?), influencent fortement notre comportement. Face à une situation donnée, nous évaluons nos capacités et nos compétences en fonction de nos croyances (et donc de notre estime de soi) et nous agissons en conséquence.

Nous pouvons changer le comportement de l'autre en changeant nos croyances

Changer nos croyances sur l'autre, c'est changer l'étiquette que nous lui collons sur le front. Ainsi, nous modifions notre comportement qui, à son tour, transforme le comportement de l'autre.

Des complexes envahissants

« Nos défauts et nos infirmités ne sont pas ridicules en eux-mêmes, mais ridicule est l'effort que nous déployons pour les dissimuler. »

Giacomo Leopardi

Témoignage

« Je n'ai jamais eu de problèmes avec mon apparence physique, non pas que je sois hyper satisfaite de mon apparence, loin de là, mais je reste assez philosophe. Je fais un bon 42, j'ai de bons bourrelets et je sais que je ne ferai jamais du 36. Et alors ? Tous les hommes que j'ai eus jusqu'ici ont toujours adoré mes formes et ils m'ont toujours dit qu'une ronde était beaucoup plus agréable à toucher qu'un fil de fer... Pour eux, c'était plutôt le signe de quelqu'un qui mord la vie à pleines dents et qui aime se faire plaisir...

Ma sœur, en revanche, c'est tout le contraire de moi. Elle est mince, mais sans être maigre non plus. Moi, je la trouve personnellement très bien faite, jolie, surtout qu'elle est très gentille et que cela se voit sur son visage. Mais elle a un très gros complexe, que j'ai du mal à comprendre tellement je le trouve absurde... Ce sont ses poils ! C'est vrai qu'elle est brune, mais bon, de là à en faire une maladie... Surtout qu'en plus, elle n'est pas particulièrement poilue, enfin, pas plus que la moyenne : moi personnellement, je le suis autant qu'elle et ça ne m'empêche pas de vivre normalement !

Le problème avec Sabine, c'est qu'elle est quasiment obsédée par ce genre de détail. Et elle gâche pas mal d'occasions de profiter de la vie à cause de ça finalement ! Par exemple, avec les hommes, ça la bloque beaucoup pour avoir des relations sexuelles. Ça peut se comprendre avec des relations d'un soir, où tu ne veux pas que l'autre se moque de toi, mais elle m'a dit récemment que même avec son copain actuel, avec qui elle est depuis deux ans quand même, elle n'arrivait pas à faire l'amour si elle n'était pas totalement épilée ! Et je ne parle pas des jupes en été, des journées à la plage, des soirées piscine chez les copains… Le pire, c'est que plus elle se cache, plus cela devient un problème, parce que tout le monde finit par se demander ce qu'elle a… Enfin, je suppose que tout le monde a des complexes. Moi personnellement, si je devais changer un truc chez moi, du moins temporairement, c'est mon accent. J'ai vraiment l'accent du sud et depuis que j'habite à Paris, j'ai l'impression que les gens n'entendent que ça ! En plus, on n'arrête pas de me demander si je viens de Marseille, alors que je n'ai pas du tout l'accent de Marseille mais celui de Marmande ! C'est complètement différent ! C'est pareil quand je demande une poche dans les supermarchés… alors qu'ici, tout le monde dit un sac… Mais bon, moi, je ne suis pas comme ma sœur, je ne vais pas m'arrêter de parler pour autant ! »

Marie, 26 ans

Un peu de théorie

Les caractéristiques d'un complexe

Un complexe est un détail, un élément de notre personne, que nous trouvons inadapté, ou inférieur à la « norme », et sur lequel nous avons tendance à focaliser toute notre attention. Un complexe peut donc être n'importe quelle partie de notre corps (les fameuses oreilles décollées, la culotte de cheval, les dents qui se chevauchent), mais aussi un attribut intellectuel. La plupart des gens ont, par exemple, un complexe sur leur (manque de) culture, sur leur origine, voire sur leur nom (Madame Boudin, Monsieur

Verge). Mais le complexe a aussi d'autres caractéristiques. Premièrement, il est purement subjectif : deux personnes peuvent avoir la même « imperfection » : l'une peut en souffrir terriblement, alors que l'autre s'en fiche éperdument. Deuxièmement, un complexe fait souffrir celui qui en est le sujet, car il est obsédé par cet élément (qu'il pense) disgracieux ou discordant dans sa personne et s'interdit d'agir comme il l'aurait fait spontanément à cause de lui. Nous le voyons avec Sabine : toutes les filles « poilues » ne vont pas jusqu'à refuser de faire l'amour à leur copain quand elles ne sont pas parfaitement épilées !

De fausses croyances et une estime de soi en berne

En effet, de tels complexes, quand ils gênent la vie sociale et sont la cause d'une souffrance bien réelle, sont souvent le signe d'un problème plus profond de l'estime de soi : c'est un peu l'arbre qui cache la forêt. Quand elles regardent leur reflet dans un miroir, les personnes complexées focalisent leur attention sur ce détail, mais ne se voient pas dans leur globalité, ou plutôt dévalorisent leur être entier à cause de ce petit détail. Sans ce défaut, leur vie serait tellement plus belle. Elles auraient plus de succès, de meilleures relations sociales…

Mais ce n'est pas tout. Car à force de focaliser toute leur attention sur ce détail qui leur gâche la vie, elles finissent naturellement par penser que les autres le font aussi. Des expériences psychologiques ont d'ailleurs prouvé qu'en cas de baisse, même temporaire, de l'estime de soi, nous avions tendance à penser que les autres nous observaient d'une façon plus soutenue et remarquaient ce que l'on considérait comme des défauts (une tache sur notre veste par exemple)… Ainsi, c'est paradoxalement quand on se donne le moins de valeur qu'on s'attribue le plus d'importance aux yeux des autres (*« Tout le monde doit voir que je suis tout rouge, gêné, nul, etc. »*).

Cacher ce qu'on ne supporte pas

Évidemment, toute estime de soi qui se sent menacée développe un mécanisme de défense. Ainsi, un individu ayant une mauvaise estime de soi aura tendance, face à un complexe, à avoir une attitude stéréotypée, en général la fuite, ou la dissimulation. Une personne à basse estime de soi qui est complexée de ne pas avoir fait beaucoup d'études pourra, au choix, éviter de parler quand le sujet sera abordé en société, ou se débrouillera pour qu'on ne lui pose pas la question, ou pour détourner la conversation. Mais elle pourra aussi réagir agressivement, en disant par exemple qu'elle « ne supporte pas les discussions mondaines où tout ce qui intéresse les gens, c'est le chiffre après les mots : bac + »... Obnubilée par ce « défaut », surestimant son importance et cherchant à le camoufler à tout prix, elle oublie de développer d'autres stratégies qui mettraient l'accent sur ses atouts.

Quelqu'un qui a une bonne estime de soi peut avoir des complexes bien sûr, mais il ne leur attribuera pas la responsabilité de sa réussite ou ses échecs, et n'investira pas autant d'énergie à les dissimuler (et donc à protéger une estime de soi défaillante). Au contraire, certains s'en servent comme d'une spécificité (comme Marie avec son accent du sud), d'autres encore vont lutter contre leurs complexes avec humour et autodérision (*« Oui, je sais, je suis petit, mais tout ce qui est petit est mignon, n'est-ce pas ? »*)...

À RETENIR

Une personne complexée ne voit qu'une partie d'elle-même

En effet, son complexe peut prendre tellement d'importance que son attention n'est attirée que par ce détail dans sa personne, qui en compte beaucoup d'autres... De plus, l'objectivité de cette imperfection, physique ou intellectuelle, peut facilement être remise en cause : c'est le regard que l'on porte dessus qui compte et non pas la réalité en elle-même.

Un complexe important est signe d'une mauvaise estime de soi

Une mauvaise estime de soi, c'est souvent un manque d'équilibre : un détail isolé ne peut décider de la valeur globale d'une personne entière...

Des mécanismes de défense inadaptés

Pour se défendre d'un regard d'autrui qu'elles jugent inquisiteur (mais qui l'est certainement moins que celui qu'elles portent sur elles-mêmes), les personnes complexées réagissent souvent par la fuite, la dissimulation, voire le mensonge ou l'agressivité. Ce qui les empêche d'utiliser leurs ressources pour mettre en valeur leurs atouts, au lieu de chercher à cacher leurs faiblesses...

S'apprécier à sa juste valeur

« Connais-toi toi-même. »

Socrate

Témoignage

« J'ai assez peu confiance en moi. Toute ma vie, je l'ai passée à me chercher, mais j'ai l'impression de ne pas vraiment m'être trouvée. Par exemple, je travaille en général en tant qu'assistante de direction. Dans ma vie, j'ai passé beaucoup d'entretiens de recrutement. Et à chaque fois, ma hantise était une question simple mais qui me paralysait complètement : "Définissez vos qualités et vos défauts." Je suis toujours partagée entre l'envie de me faire bien voir, parce que l'enjeu est important, entre l'honnêteté envers la personne en face de moi et le risque de me faire passer pour quelqu'un d'orgueilleux. Être soumise ou perfectionniste, est-ce considéré comme un défaut ou une qualité ? Alors bien sûr, je ne suis pas idiote et je dis, en général, ce que l'employeur a envie d'entendre. Pour être assistante de direction, il faut être organisée et méticuleuse, mais aussi ne pas se laisser marcher sur les pieds... Mais je ne suis pas sûre que ce soit vraiment moi.

En fait, le problème, c'est que je me sens souvent moins bien que... Dans les soirées, j'écoute beaucoup mais je parle peu et quand on me demande mon avis, soit je rougis et je bafouille, soit je me range à l'avis du dernier qui a parlé, même si je ne suis pas tout à fait d'accord. J'ai parfois l'impression de ne pas avoir de personnalité réelle : je m'adapte aux gens qui sont autour de moi et même si cela m'énerve, je n'y peux rien, je suis comme ça. À force de faire

cela, je finis d'ailleurs par me convaincre que mon opinion n'a pas vraiment de valeur. D'ailleurs, c'est comme ça que j'ai choisi mes études. Comme je ne savais pas vraiment quoi faire, et comme j'avais l'impression d'être moyenne en tout, de ne pas avoir de passion véritable, j'ai demandé à ma sœur de m'aider. On a épluché les dossiers du centre d'information ensemble et finalement, j'ai choisi des études d'assistante de gestion. Mes parents étaient soulagés que je choisisse une voie professionnalisante car ils s'inquiétaient un peu pour moi, donc ça m'a confortée dans mon choix.
Mais je m'aperçois que je commence un peu à étouffer dans ce poste, parce qu'il y a assez peu d'évolutions possibles, alors j'aimerais bouger un peu, faire autre chose... mais quoi ? Je pense que je vais essayer de faire un bilan de compétences. Ça va peut-être m'aider à prendre conscience de mes qualités et à m'orienter vers un domaine qui me plairait plus. Je place beaucoup d'espoir dans cette analyse. Mais j'ai aussi peur qu'ils me disent : "vous n'avez pas de compétences particulières et vous devez continuer votre métier actuel"... l'horreur ! »

Gwenaëlle, 36 ans

Un peu de théorie

Mieux se connaître pour mieux s'accepter

Beaucoup de personnes avancent dans la vie à l'aveugle. Si vous leur posez la question : *« Qui êtes-vous ? »*, ils ne sauront vous répondre et vous regarderont avec des yeux effarés. Ou ils vous répondront en vous disant le métier qu'ils font, le nombre d'enfants qu'ils ont, le montant du salaire qu'ils gagnent... Ils se définiront essentiellement à travers les rôles qu'ils jouent (père ou mère de famille, directeur ou ouvrier) tout au long de leur vie ou tout au long de la journée. Sans se demander réellement de quoi ils sont faits, qu'est-ce qui les a poussés à devenir maçon ou graphiste, père ou mère. La connaissance de soi et la détermination de ses valeurs, de ses qualités, de ses défauts sont les premières voies de l'acceptation de soi-même, car cela permet de prendre conscience de soi, de se reprendre un peu en main, de ne pas se considérer comme un jouet du destin ou des autres.

La conscience de soi mène à l'acceptation de soi

Être conscient de soi est la première marche vers l'acceptation. Être conscient de soi, c'est avant tout prendre un peu de recul sur soi et considérer sa vie, dans les bonnes choses comme dans les mauvaises. C'est accepter que l'on ne soit pas parfait, que la réalité ne corresponde pas tout à fait à l'image idéale que l'on s'est donnée. En effet, idéalement, tout le monde aimerait être intelligent, beau, drôle, riche, etc. Et pourtant, beaucoup d'entre nous ne correspondent pas à ce stéréotype.

Certains ne le supportent pas et perdent par exemple beaucoup de temps et d'énergie à en vouloir au monde entier : ils en veulent à leurs parents de ne pas avoir été assez compréhensifs, à leurs professeurs de ne pas avoir été assez indulgents ou pédagogues, à leurs copains de ne pas avoir été là au bon moment, ou à leur âme sœur de ne pas être venue les trouver... ils se reposent sur les autres ou sur la malchance pour expliquer leur désarroi.

Au contraire, d'autres s'acceptent et arrivent à vivre avec leurs imperfections, parce qu'ils sont aussi conscients de leurs forces. Car être conscient de ses faiblesses ne veut pas forcément dire se résigner à vivre avec, cela signifie surtout les accepter pour ce qu'elles sont et tenter de s'améliorer. Comme pour un plombier, qui ne sera capable de réparer la panne qu'une fois qu'il l'aura localisée, nous ne sommes capables de progresser qu'une fois que nous savons ce sur quoi il faut travailler.

Éviter de se déresponsabiliser

Il est facile, en effet, de chercher sans cesse à rejeter la faute sur les autres ou sur la destinée. On peut chercher des explications ou même des circonstances atténuantes, mais non pas des excuses. On peut avoir été battu enfant et ne pas battre ses enfants. On peut avoir été bafoué sans forcément bafouer les autres : tout est question de choix. Et le choix est plus facile à faire quand on est conscient de ses erreurs ou de ses atouts. Le tout est de ne pas se considérer comme une victime, c'est-à-dire ne pas être dépendant du bon vouloir des autres. Car on attend souvent d'autrui ce que l'on n'est pas capable de faire soi-même. Il est ainsi plus facile d'en vouloir aux autres plutôt qu'à soi-même quand cela ne marche pas. Mais cela vous enlève aussi, en cas de réussite, une bonne partie des lauriers que vous auriez pu récolter.

De même, chercher à tout prix l'acceptation des autres est inutile si vous ne vous acceptez pas déjà vous-même. Vouloir à tout prix correspondre à l'idée que les autres ont de vous, c'est se perdre dans des volontés floues, vagues et quelquefois contradictoires. Votre patron veut que vous preniez des initiatives et que vous soyez volontaire. Votre partenaire veut, au contraire, que vous soyez capable de faire des compromis. Vos copains veulent que vous soyez disponible. Vos parents veulent que vous les écoutiez. Vos enfants veulent que vous soyez compréhensif et que vous les compreniez. Et vous ? Que voulez-vous ?

À RETENIR

Pour accéder au bonheur

Avant de construire une maison, n'essayez-vous pas de connaître les paramètres du terrain sur lequel vous la construisez : ses limites, sa composition, ses atouts… De même, l'estime de soi est fragile et ne peut se construire que sur un terrain solide et connu. Apprenez donc à vous connaître, déterminez vos priorités pour mieux mener votre vie.

S'accepter pour s'estimer

S'accepter est la première étape de l'estime de soi. C'est accepter son passé et ne pas se comporter comme une victime. Vous pouvez être victime des événements mais il ne faut en aucun cas se considérer comme une victime, puisque cela empêche de mobiliser ses ressources pour agir.

S'estimer avant d'être estimé par les autres

Il est bien sûr important d'être accepté et intégré dans une vie sociale épanouissante. Mais ne se voir qu'à travers le regard des autres (« Il a dit que j'étais comme ça ou comme ça »), c'est se confondre avec une image floue et toujours changeante, selon les personnes avec qui vous êtes. C'est aussi nier ses propres besoins et sa propre personnalité.

Demander ce que l'on veut vraiment

« Plus nous sommes au clair avec ce que nous voulons en retour, plus nous avons de chances de l'obtenir. »

Marshall Rosenberg

Témoignage

« Je travaille toute la journée et j'ai un emploi assez stressant et qui me prend beaucoup de temps, parce que je suis souvent d'astreinte. Je suis chargée de planning dans une agence d'intérim et je dois quelquefois rester tard au travail pour m'assurer que les intérimaires ont bien tous été embauchés, même ceux engagés dans les postes de nuit. Bref, quand je rentre à la maison, en général, je suis vraiment vannée et j'apprécie quand c'est calme, que les enfants sont couchés et que Fabien, mon mari, a fait à manger ! Mais ce n'est pas toujours le cas, parce que Fabien travaille aussi en décalé et qu'il peut être appelé en urgence (il est ambulancier). Donc, c'est souvent le stress à la maison… Malheureusement, quand je suis fatiguée ou que j'ai passé une mauvaise journée, ma patience est vraiment très limitée et je m'énerve très vite. J'ai beau demander aux enfants de ne pas faire de bruit et d'être sages, ce sont des enfants et je sais qu'ils ont besoin de s'amuser, mais ça me met les nerfs en pelote et je n'arrive pas à le leur dire sans crier une bonne fois pour toutes. C'est pareil avec Fabien, je m'aperçois que j'ai parfois du mal à formuler ce que je veux et que je peux paraître vraiment très sèche. La dernière fois, ça a été la goutte qui a fait déborder le vase : il me parlait de son travail, plus particulièrement

d'un de ses collègues, qui l'énerve. J'étais moi-même très fatiguée, je n'étais pas vraiment disponible pour discuter, j'avais juste besoin de me poser et boire un verre. Mais je ne sais pas pourquoi, je lui ai dit : "Écoute, je suis crevée, laisse-moi tranquille avec tes histoires de boulot, t'as qu'à lui dire à ton collègue qu'il t'emmerde, moi je n'y peux rien." Au moment où je lui ai dit ça, j'ai su que j'avais fait une bêtise évidemment, mais je n'ai pas pu m'arrêter. Il s'est levé, il est sorti. Je suis allée le voir ensuite, en lui demandant pardon, mais il m'a dit qu'il en avait un peu marre de m'entendre parler comme ça et qu'il aimerait retrouver la Marianne qu'il avait connue… La Marianne qu'il avait connue ? Quand je lui ai demandé ce qu'il voulait dire par là, il m'a dit que je voyais très bien ce qu'il voulait dire… Ça a dégénéré, parce que je me suis sentie rejetée. Le ton est monté encore plus et finalement, il est parti boire un verre avec ses potes. Nous nous sommes réconciliés, mais jusqu'à quand ? »

Marianne, 41 ans

Un peu de théorie

Comment exprimer une demande sans exiger ou implorer ?

Quand on fait une demande, il arrive souvent de ne pas savoir l'exprimer correctement : on est cassant ou, au contraire, trop soumis (on prend des chemins détournés). Les deux options sont évidemment mauvaises, puisqu'elles dénotent toutes les deux des dysfonctionnements dans la communication avec autrui. Et évidemment, quand on communique mal, on réduit son savoir-faire social et le savoir-faire social est une des composantes de l'estime de soi. Alors, comment faire une demande en la préservant ? On peut utiliser la communication non violente, qui est une technique de communication développée par Marshall Rosenberg, un psychologue américain, pour réduire les tensions interpersonnelles, et qui s'avère être souvent efficace quand il s'agit de faire des demandes délicates, ou chargées émotionnellement.

Ne pas juger: être précis et factuel

Souvent, quand nous faisons une demande, celle-ci est motivée par une situation, un événement, une attitude, un comportement que nous voulons modifier, parce que nuisant à notre bien-être (au sens large). Nous avons donc tendance à juger la situation, c'est-à-dire à lui donner une valeur négative (en nous appuyant sur notre point de vue seulement). Par exemple, Marianne, quand elle rentre chez elle, aura tendance à penser : *« Mon Dieu, les enfants sont infernaux. »* Mais cette pensée n'a rien d'objectif, dans le sens où elle ne fait apparaître aucun fait précis qui puisse être modifié de façon précise. Alors, elle donne un ordre, qui n'est pas plus précis : *« Soyez sages ! »* La première étape consiste donc à essayer de préciser réellement ce qui ne nous convient pas, en utilisant de préférence le « je » : *« Je suis gênée par le bruit que vous faites quand vous jouez aux pirates. »*

Exprimer ce que l'on ressent

Les sentiments sont des outils puissants, car ils permettent de nous connecter à autrui, à travers l'empathie. Mais il est rare, finalement, d'exprimer ses sentiments, car cela ne nous est pas habituel et parce que nous avons peur d'être vus comme « faibles ». On ne parle que sur un mode intellectuel, en niant notre part émotionnelle. À la place, on dit : *« Il faudrait »*, ou *« Je dois »* ou encore *« Je pense »*, on exprime des opinions, des règles… Ainsi, Marianne peut se sentir frustrée, excédée, déçue, énervée, mais le garde en elle, pour ensuite exploser… Le plus simple est de le dire, ne serait-ce que pour renseigner l'autre sur votre état, avant que l'émotion ne soit trop forte et que vous ne puissiez plus la contrôler !

Exprimer ce dont on a besoin

Le besoin est ici central, puisqu'il introduit la demande qui va être faite. Une demande exprimée sans sentiment et sans besoin est souvent perçue comme un ordre, sec et péremptoire. Le besoin, c'est ce qu'il vous faut pour être bien et ça, personne ne peut le savoir à votre place. De quoi ai-je réellement besoin maintenant ? De ne pas m'occuper du dîner ? De me reposer dans ma chambre ?

Trop souvent, nous agissons sans nous préoccuper de notre besoin, sans même en prendre conscience. Et on en vient ensuite à nous en vouloir, ou à en vouloir à l'autre de ne pas combler des besoins… que nous n'avons pas exprimés !

Faire une demande claire et précise

« Je veux que tu sois sage, gentil », « Je veux que tu redeviennes la Marianne que j'ai connue ». Qui pourrait savoir ce que ces phrases signifient réellement ? Comment s'étonner alors que les autres ne les comprennent pas, ou mal, ou rechignent à les appliquer ? Une demande doit être la conséquence d'un fait bien précis (voir la première étape). Les enfants font trop de bruit quand ils jouent aux pirates ? Ce n'est pas le fait qu'ils jouent qui est gênant, c'est le bruit qu'ils font, alors laissez-les jouer, mais invitez-les à jouer à un jeu moins bruyant, au lieu de leur crier « d'arrêter ce boucan ».

Si on reprend les quatre étapes et qu'on rejoue la scène de dispute entre Marianne et Fabien, qu'aurait pu dire Marianne ? « (1) *Je vois que ton collègue t'énerve toujours et je sais que tu as envie d'en parler* (2) *mais je suis vraiment épuisée par la journée que j'ai eue aujourd'hui et je ne me sens pas vraiment disponible pour en parler.* (3) *J'ai vraiment besoin de me reposer et de passer un bon moment tranquille avec toi.* (4) *Est-ce qu'on peut en discuter plus tard ?* »

Il est certain que Fabien n'aurait pas réagi de la même façon…

À RETENIR

Une demande doit s'appuyer sur des faits...

... et non sur des jugements personnels. Ainsi, l'interlocuteur ne prendra pas la demande pour une critique négative.

Il est important d'exprimer ses sentiments

Exprimer son émotion avant qu'elle ne devienne trop envahissante est la meilleure façon de la désamorcer : vous vous en libérez et l'autre peut exercer son empathie.

Il est crucial d'exprimer son besoin

Une demande est faite pour augmenter votre bien-être : interrogez-vous donc sur ce dont vous avez besoin pour vous sentir bien.

Une demande doit être précise, claire et... réalisable

Elle doit définir une action concrète, à laquelle l'autre peut dire oui ou non, mais elle ne doit pas être trop générale, pour ne pas lui donner l'impression que vous lui demandez la lune...

Simplifier sa vie

Pourquoi choisir la simplicité ?

« Le vrai bonheur est sans doute
dans la simplicité des cœurs, loin des vanités
et des fausses ambitions. »

Paul Javor

Témoignage

« À l'arrivée d'une nouvelle saison, j'essaie de vider régulièrement mes armoires de vêtements. De toute façon, je n'ai pas trop le choix. À chaque fois, je m'aperçois que je n'ai plus de place pour y mettre d'autres affaires. Comme j'ai envie de m'offrir au moins une tenue, je suis obligée de procéder à un tri pour me défaire des vêtements que je ne mets plus. Je fais ça depuis au moins dix ans. Je me souviens que, la première fois, ça a été extrêmement difficile pour moi de donner ou de jeter certaines robes. J'y tenais, alors que je ne les mettais plus du tout. Je me disais que la mode allait tôt ou tard les remettre au goût du jour et que je pourrais les porter à nouveau. Mais, au bout de trois ou quatre ans, ces tenues étaient toujours démodées. Je me suis donc décidée à m'en débarrasser. En fait, comme elles étaient en bon état, je les ai mises dans un sac que j'ai glissé dans une benne de la Croix-Rouge. Curieusement, je me suis sentie comme libérée. Je n'avais plus à m'occuper d'elles. Pourtant, je n'avais pas l'impression d'y penser souvent, mais elles devaient être là, dans un coin de ma tête et m'ennuyaient sans que j'en aie conscience. J'ai été surprise de ce sentiment. Surtout, je me suis rendu compte qu'elles ne me manquaient pas du tout… Ce n'est que du matériel,

après tout : on oublie vite ! C'est pourquoi je continue régulièrement à faire le tri et me débarrasse, dès que cela est nécessaire, de tout ce que je ne mets plus. »

Élodie, 41 ans

Un peu de théorie

La simplicité allège

Il est nécessaire d'expérimenter la simplicité pour nous rendre compte de tous les bienfaits qu'elle procure. Il suffit de nous prêter à un simple jeu pour le constater. Prenons une pile de vieux magazines que ne nous ne consultons plus mais que nous conservons « au cas où ». Jetons-la dans une poubelle appropriée. Que ressentons-nous ? De la légèreté, du soulagement, de l'apaisement, voire de la sérénité. C'est immédiat !

Lorsque nous réduisons ce que nous possédons, nous désencombrons notre espace vital, mais également notre mental. *« La simplicité s'accompagne de lucidité »* indique Matthieu Ricard. Nous comprenons mieux le monde qui nous entoure. Notre intelligence gagne en clarté. Nous avons une conscience plus aiguisée. Nous ressentons tout cela physiquement : nous sommes plus légers, à la fois dans notre esprit, mais aussi dans notre corps. Outre l'aspect matériel, nous nous débarrassons aussi des pensées inutiles. Nous nous délestons de tout ce qui nous pèse et nous nous sentons soulagés, plus joyeux. Nous pouvons alors entretenir des relations plus vraies et avons plus de place pour les autres. Contrairement à ce que notre société veut nous faire croire, posséder des biens matériels ne nous rend pas plus heureux. En revanche, nous pouvons accéder au bonheur grâce à la simplicité. C'est même la voie royale pour atteindre l'harmonie. En nous allégeant, nous découvrons ce qui est essentiel. Il en résulte une vie plus vraie, plus légère et donc plus heureuse.

La simplicité libère

La simplicité a un effet libérateur. Elle laisse la place au devenir. Lorsqu'un intérieur est encombré, rien d'autre ne peut y entrer. C'est la même chose pour notre mental. Si trop d'idées ou de pensées y fourmillent, nous ne pouvons pas prendre de bonnes décisions, ni accueillir des idées neuves. Si nous empruntons le chemin de la simplicité, nous libérons de l'espace pour être davantage avec nous-mêmes. Nous devenons des êtres entiers et libres. Nous sommes alors prêts à entreprendre des choses différentes et faire des projets. La vie nous semble même plus facile.

Moins attachés aux choses, nous nous libérons de la crainte d'être dépouillés. En effet, plus nous possédons de biens, plus nous avons peur de les perdre. Ces appréhensions disparaissent lorsque nous possédons moins. Notre regard change, nous cultivons un certain détachement et vivons en sachant apprécier ce qui nous entoure.

La simplicité donne du sens : nous faisons des choix qui nous enrichissent intérieurement. Nous décidons, par exemple, de lire des ouvrages intéressants, de regarder des émissions intelligentes ou de nous livrer à une activité manuelle qui nous comble. Nous renouons avec le plaisir en passant plus de temps avec nous et en découvrant qui nous sommes réellement. Notre façon de voir les choses se modifie ainsi que nos exigences de vie. Nous agissons de façon responsable et nous nous fixons des objectifs réalisables. Nous décidons de nous accomplir. De cette façon, notre vie prend tout son sens.

La simplicité mène à la spiritualité

Accumuler des biens matériels nous éloigne de notre être. Nous vivons dans l'illusion que posséder beaucoup de choses nous apporte de la joie, nous remplit. Mais si nous essayons de vivre avec ce que nous considérons comme suffisant, nous pouvons alors davantage nous consacrer à ce qui est essentiel et renouer avec nous-mêmes : nous prenons conscience de nos valeurs et de notre sagesse, nous élevons notre pensée et nous développons ainsi notre spiritualité.

La simplicité apporte la paix intérieure. Il s'agit d'une paix profonde, en lien avec notre propre vérité. Lorsque nous la ressentons, c'est le signe que nous sommes en accord avec nous-mêmes. Nous apprécions la vie et savourons les joies qu'elle nous apporte. Ce sentiment de paix intérieure est possible quand nous sommes à l'écoute de nous-mêmes et que nous prêtons attention à ce que nous désirons vraiment vivre et connaître sur terre.

La simplicité conduit naturellement à nous accomplir en menant la vie qui nous convient et nous correspond. Nous retrouvons ainsi notre véritable nature, débarrassés de tout ce qui nous gênait, nous encombrait. Nous devenons sincères, authentiques, entiers. De ce fait, nous ne rêvons plus notre vie mais agissons pour concrétiser au maximum ce à quoi nous aspirons.

Choisir la simplicité, c'est emprunter la voie de l'introspection qui mène à notre propre vérité. Nous pouvons ainsi définir nos vraies priorités, prendre les bonnes décisions et nous réaliser.

À RETENIR

Le chemin de la légèreté

En nous détachant de nos biens matériels, en soulageant notre mental de nos pensées nuisibles, nous nous sentons allégés, plus libres, plus disponibles pour les autres. Notre conscience s'aiguise et nous comprenons ce qui est essentiel pour mener une vie qui nous convient. La simplicité est la voie qui mène à davantage de joie et conduit au bonheur.

Le chemin de la liberté

La simplicité conduit à davantage de liberté. Nous sommes ouverts et prêts à accueillir tout ce qui peut se présenter. Nous avons de la place pour faire entrer la nouveauté. Détachons-nous du matériel, nous aurons ainsi moins peur d'en être privés. Adonnons-nous à des activités qui nous comblent et nous enrichissent. Nous apprenons ainsi à nous connaître.

Le chemin de la spiritualité

La simplicité permet de nous recentrer et de savoir ce que nous souhaitons vraiment et ce qui est véritablement important. Elle nous conduit vers notre sagesse intérieure. Nous pouvons ainsi goûter à la quiétude de notre profondeur et développer notre spiritualité. Plus nous nous approchons de notre vérité profonde, plus nous donnons du sens à notre vie.

Définir ses vrais besoins

« Je refuse de me faire appeler consommateur et revendique mon statut d'être humain, en quête de son propre accomplissement. »

Pierre Rabhi

Témoignage

« J'ai la chance de faire un métier qui me plaît : j'anime des ateliers de reconversion. J'aide les personnes à trouver leur place dans la société. Je me sens profondément utile. Ces personnes me transmettent beaucoup de chaleur et d'estime. J'apprends énormément à leur contact. Je n'ai pas toujours été animatrice. C'est sans doute parce que je me suis moi aussi reconvertie que j'ai éprouvé le besoin, à un moment donné, de conseiller les autres. J'aurais aimé suivre de tels ateliers, mais je n'en ai pas trouvé. Cela m'aurait été très bénéfique. Je me serais posé les bonnes questions. Tout le monde devrait pouvoir suivre ce genre de stage pour faire le point et s'orienter intelligemment. Pour ma part, je cherche vraiment à ce que les personnes prennent leur vie en main et endossent une profession qui leur convienne. Pendant les ateliers, elles doivent mener une véritable introspection et revisiter leur passé. C'est souvent de cette façon qu'elles redécouvrent un talent ou prennent conscience qu'elles aiment se livrer à telle activité. Aujourd'hui, je peux dire que je me sens épanouie. Cela a été possible parce que j'ai réfléchi à mes valeurs personnelles. J'exerce un métier qui me correspond. J'ai mis cinq ans à définir vraiment ce que je voulais faire et cinq autres années à me former, à mettre au point le contenu des ateliers et à trouver des clients. Mes efforts ont

été récompensés. J'ai respecté qui je suis. Et je suis aujourd'hui en accord avec moi-même. »

Julie, 47 ans

Un peu de théorie

Trouver l'équilibre

« Vivre simplement, c'est apprendre à faire la différence entre assez et trop » indique Mark A. Burch. Pour y parvenir, il faut trouver le « point d'équilibre personnel » précise-t-il. Nos valeurs et nos aspirations vont nous permettre de le définir. Nous devons connaître ce qui a de l'importance à nos yeux et ce à quoi nous tenons. Nous devons nous interroger sur nos valeurs et nos priorités. C'est l'aspect matériel qui constitue en général la première étape dans notre processus d'allégement. Mais nous devons également épurer notre vie spirituelle en revisitant nos envies, afin d'agir en respectant notre personnalité.

Le psychologue américain Abraham Maslow a élaboré une théorie des besoins. Pour l'illustrer, il a dressé une pyramide où figurent cinq catégories de besoins. Au premier niveau de la pyramide, à sa base, se situent nos besoins physiologiques (se nourrir…). Au deuxième niveau se trouve le besoin de sécurité (physique), puis viennent les besoins d'appartenance (sociaux), les besoins d'estime et de reconnaissance et enfin les besoins d'épanouissement. Cette pyramide permet de mieux cerner la nature exacte de nos besoins. Pour vivre harmonieusement, nous devons satisfaire tous ces besoins. Les deux premiers niveaux sont vitaux. Les trois autres concernent la sphère psychologique, affective et spirituelle. Ils sont plus difficiles à combler car ils sont souvent source de conflits. De plus, nous avons tendance à les confondre avec nos désirs.

Besoins et désirs

Il est indispensable de bien établir la différence entre nos besoins et nos désirs. Les besoins, comme nous l'avons vu plus haut, sont essentiels à notre survie et à notre équilibre. Le désir, quant à lui, s'il ne correspond pas à un besoin, est inutile, voire nuisible. Par exemple, nous pouvons désirer travailler pour répondre à un besoin de sécurité. Dans ce cas-là, tout va bien. Mais nous pouvons aussi désirer un tailleur d'un grand couturier ! Cette envie ne correspond pas exactement à notre besoin physiologique de nous protéger du froid, puisque nous pouvons acheter une autre tenue qui sera aussi chaude et moins chère.

Les professionnels de la publicité ont bien saisi cette confusion. C'est pourquoi ils tentent de nous convaincre que nos désirs sont en fait des besoins, bien réels. Telle affiche va nous vanter les nouvelles options du dernier téléphone portable ou les bienfaits d'un voyage au bout du monde dans un hôtel splendide, pour nous ressourcer. Mais ne pouvons-nous pas le faire plus près de chez nous ? Essayons de suivre le conseil de Gandhi :

« Diminuez vos désirs et répondez à vos besoins. »

Néanmoins, il est important de prêter attention à nos vrais désirs, même s'ils ne sont pas vitaux. Ils correspondent à des besoins, car ils sont souvent une source de grande motivation. En effet, lorsqu'ils sont portés par l'enthousiasme, nous pouvons être certains que répondre à ce désir va nous diriger vers l'accomplissement d'un besoin élevé.

Les limites à ne pas franchir

Pour vivre, nous avons besoin de nous alimenter, de nous protéger des agressions climatiques, d'entretenir des relations affectives satisfaisantes et d'être suffisamment nourris intellectuellement et spirituellement. Au-delà de ces limites, nous devons nous interroger sur la nécessité ou non de nos possessions, de nos relations, de nos divertissements, etc. Il n'est pas question de vivre comme un ascète, mais plutôt de nous alléger de tout ce qui nous pèse, de ce qui ne constitue finalement qu'un frein dans notre existence et qui nous détourne de l'essentiel.

Établir la liste de ce qui est important va nous permettre de poser un regard différent sur notre façon de vivre. Nous allons remettre en question certaines de nos habitudes. Nous allons prendre conscience que nous passons beaucoup de temps à nous occuper de choses qui n'en valent pas la peine.

Ce premier inventaire sera un palier, qui nous amènera ensuite vers d'autres choix à faire. Rien n'est jamais définitif. Nous évoluons en permanence et nos priorités peuvent changer. L'idéal est de pouvoir conserver ce qui est essentiel pour nous maintenant.

Après avoir pris conscience de tout ce qui nous encombre, nous devons y remédier et donc prendre les mesures nécessaires. Nous devons agir. C'est-à-dire nous engager à consommer moins et veiller à entretenir des relations choisies. C'est décider d'avoir une vie meilleure, en accord avec qui nous sommes. C'est prêter attention à ce qui est essentiel à notre bonheur.

À RETENIR

Trop ou assez ?

Trouver un certain équilibre et être en harmonie avec soi-même peut être difficile. Pour y parvenir, nous devons définir nos valeurs et essayer de répondre à nos besoins vitaux, physiologiques, d'appartenance, d'estime, de reconnaissance et d'épanouissement. Contenter ses besoins est assez complexe, surtout ceux qui font partie de la sphère psychologique.

Privilégier l'important

Nous devons être capables de définir ce qui est important pour nous, tant au niveau matériel qu'au niveau spirituel. La limite est floue entre ce dont nous avons réellement besoin et ce que nous désirons. Certains désirs sont superficiels tandis que d'autres sont source d'épanouissement, d'enthousiasme, de motivation. Il faut donc être vigilant.

Répondre à ses vrais besoins

Remettons en question nos habitudes et notre façon de penser : nous devons satisfaire nos besoins vitaux, comme manger et nous vêtir, mais nous devons aussi veiller à être en sécurité, à entretenir des relations, à nous sentir estimés et reconnus et, enfin, à nous réaliser. Le reste n'est pas nécessaire, inutile alors de trop s'embarrasser.

Privilégier ce qu'on aime

« En art comme en amour, l'instinct suffit. »

Anatole France

Témoignage

« J'étais un adolescent plutôt taciturne, je n'aimais pas grand-chose. J'avais des résultats moyens à l'école, je faisais du foot pour faire comme les autres, j'allais un peu au cinéma avec ma petite copine. Mes parents n'étaient pas inquiets, ils pensaient que c'était la crise d'adolescence, que ça passerait. Mais non. J'ai choisi un métier parce qu'il fallait que je paye mon loyer, je suis resté célibataire parce que même si je tombais amoureux, je ne manifestais pas assez d'ardeur auprès des filles. Alors, elles se lassaient et me quittaient. Un jour, mon frère m'a demandé de le dépanner et d'emmener son fils à son cours de dessin. Ça m'a plu de voir tous ces gamins se bousculer avec tout leur matériel, c'était plein de vie tout ça, alors je suis resté pour assister au cours. Mon neveu avait du mal, la prof lui expliquait mais il ne comprenait pas bien. Je lui ai alors proposé mon aide, j'ai pris son pinceau et j'ai dessiné deux trois trucs comme ça sans réfléchir. Je voulais juste montrer au petit que c'était facile, qu'il ne fallait pas se bloquer. Je ne sais pas bien ce qui s'est passé, je me suis senti super à l'aise, mon neveu ne voulait plus que je m'arrête, il trouvait que j'étais super fort et la prof aussi m'a fait des compliments ! Pour moi, c'était une révélation, je trouvais enfin quelque chose qui me plaisait ! Depuis quelque temps, je m'y suis mis plus sérieusement, je n'ai pas de prétention à devenir artiste mais je me suis enfin trouvé une passion ! »

Xavier, 42 ans

Un peu de théorie

Travail et loisirs

Vivre la vie qui vous convient demande à ce que vous soyez conscient de ce que vous aimez et désirez. En répondant aux questions suivantes, vous découvrirez peut-être certains traits de votre personnalité auxquels vous ne prêtez pas suffisamment attention.

Si vous prenez du plaisir à exercer votre profession, vous faites partie des privilégiés. En revanche, si, comme beaucoup, vous ne l'appréciez pas vraiment, quel métier vous correspondrait davantage ?

Si vous avez déjà des réponses, pourquoi ne changez-vous pas d'emploi ? Est-ce que cela vous semble impossible ? Revoyez votre façon de penser et essayez de trouver des solutions qui vous rapprochent de votre désir. Cela ne signifie pas que vous allez réaliser vos rêves du jour au lendemain, mais, par exemple, vous pourriez peut-être faire ce qui vous comble en parallèle de votre travail.

Peut-être existe-t-il des activités qui vous rendent heureux ? De quelle façon aimez-vous occuper votre temps libre ? Qu'est-ce qui vous fait plaisir ? Existe-t-il un métier qui s'en approche ? Avez-vous besoin de créer des choses, de faire du sport, de vous défouler ? Préférez-vous les sorties entre amis, un bon film, une pièce de théâtre, une expo ?

Le temps d'une soirée, essayez de faire une activité qui vous épanouisse pleinement. Quelle satisfaction en tirez-vous ? Que pourriez-vous faire régulièrement pour rompre la monotonie de la semaine et vous faire plaisir ? C'est en essayant que vous pourrez savoir si un loisir vous plaît ou pas.

Les activités manuelles

Les travaux manuels permettent de s'aérer l'esprit et de se concentrer sur une activité concrète. Êtes-vous habile de vos mains ? Aimez-vous jardiner, bricoler, cuisiner ? Faites-vous partie de ces heureux bricoleurs qui passent leur dimanche à améliorer leur logement ? Vous passionnez-vous pour la décoration intérieure ? Par exemple, vous pouvez personnaliser votre lieu de vie en l'aménageant selon vos envies. C'est une façon de lui donner une touche personnelle tout en vous amusant. C'est aussi un moyen de prendre conscience de ce que vous aimez et d'expérimenter un savoir-faire. Faites des tentatives !

En revanche, si bricoler est pour vous synonyme de corvée, mais que vous n'avez pas d'autre choix que de le faire vous-même, essayez de modifier votre état d'esprit. Si vous vous y mettez de manière enjouée, la tâche sera nettement plus facile.

Si vous en avez la possibilité, essayez de vous adonner au jardinage. Cela permet de se ressourcer et de se détendre, tout en embellissant son cadre de vie. Il peut être passionnant de découvrir comment les plantes s'entendent entre elles, de quelle façon obtenir des fleurs tout au long de l'année, etc. Et jardiner peut faire naître d'autres envies ! Vous pourriez même être amené à suivre des cours, pour en savoir un peu plus…

De même, essayez de nouvelles recettes de cuisine. Étonnez-vous et osez inventer des plats. Soyez curieux des autres cultures. Découvrez et cuisinez avec des épices par exemple ou des saveurs inédites.

Utilisez votre intuition

Avez-vous tendance à ne croire que ce que vous voyez ou prenez-vous en considération ce que vous ressentez ? Utiliser son cerveau gauche vous permet d'effectuer des tâches pratiques. Mais développer l'hémisphère droit, plus intuitif, apporte de précieuses informations et peut vous rendre la vie bien plus simple dans de nombreuses situations.

Le cerveau droit est le siège de la créativité, de la sensibilité et de la compassion. En effet, le cerveau droit vous permet, par exemple, d'être à l'écoute des inflexions de la voix et de saisir les émotions qui y sont liées. Les femmes se servent naturellement des deux parties du cerveau. En revanche, les hommes doivent en général fournir plus d'efforts pour développer leur hémisphère droit.

Pour développer les aptitudes liées à cet hémisphère, essayez d'exercer votre imagination. Dessiner, par exemple, mais sans vous soucier du résultat. Prenez du recul et observez le résultat. Votre dessin vous évoque-t-il quelque chose ? Poursuivez votre œuvre jusqu'au moment où vous considérerez qu'elle est « achevée ».

Essayez de vous livrer à des exercices faisant directement appel à l'intuition et laissez-vous guider par votre sixième sens.

Amusez-vous à compléter les phrases suivantes sans réfléchir :

– J'aime…

– Si j'osais, je ferais…

– Citez au moins cinq personnalités que vous admirez. Pour quelles raisons ?

– Citez dix choses que vous aimeriez faire ou que vous aimez faire, mais que ne vous autorisez pas.

– Faites une liste de vœux.

À RETENIR

La vie professionnelle

Essayez de ne pas vous résigner à exercer un métier qui ne vous plaît pas. N'y a-t-il vraiment pas d'autres solutions ? L'épanouissement professionnel est important surtout quand on sait qu'on passe la majorité du temps au travail. S'il vous est vraiment impossible de changer de profession, trouver un loisir qui vous rendra heureux et vous comblera.

Les activités

Il n'y a pas d'âge pour se trouver une passion. Une multitude d'activités existe, il serait dommage de ne pas les expérimenter, il suffit d'essayer pour voir ce qui pourrait nous convenir. Le bricolage, la cuisine, le jardinage… autant de passe-temps qui permettent de se détendre, de se changer les idées ou d'exprimer notre créativité !

L'instinct

Parfois, ne réfléchissez pas trop, laissez-vous aller à ce que vous ressentez. Cela vous simplifiera la vie. Pour cela, il faut faire travailler l'hémisphère droit de votre cerveau qui est plus intuitif. Apprenez à développer votre imaginaire. Dessinez ou entraînez-vous à répondre sans réfléchir à des questions sur votre vie ou vos envies.

Simplifier son espace

« La poubelle est le meilleur
des accessoires de rangement. »

Frédéric Dard

Témoignage

« Je vis seule dans un petit appartement à Paris depuis quelques années à. J'aime à m'occuper de mon intérieur et renouveler la déco. Je lis beaucoup, je regarde la TV, je cuisine, je m'achète des vêtements… J'ai des amis qui voyagent et qui me ramènent des tas de bibelots des quatre coins du monde ! C'est très sympa mais au final, je commence à me retrouver avec pas mal d'affaires, plus de place dans les placards, les murs surchargés, la cave pleine… Depuis quelque temps, je commence à me sentir oppressée chez moi, ça devient un peu étouffant, je me cogne dans les meubles, j'ai l'impression de ne plus avoir d'espace libre pour moi. Il a alors fallu que je trouve une solution. J'ai regardé autour de moi et petit à petit, je me suis rendu compte que je n'avais pas besoin de tout ça, que ce n'était que de l'étalage, que j'avais plutôt mis en évidence toutes mes affaires pour impressionner mes invités, pour qu'on me dise "Waouh ! Il est génial ton appart ! Tu as vu plein de films ! Tu lis énormément ! Tu as visité beaucoup de pays ! Tu as l'affiche de cette expo géniale !" J'ai alors pris chaque objet, je me suis demandé s'il m'était vraiment utile, s'il me plaisait réellement, s'il avait un sens pour moi. En quelques jours, j'avais épuré mon appartement, tout semblait plus authentique, il ne restait plus que l'essentiel à mes yeux et j'avais l'impression de pouvoir enfin circuler et respirer ! »

Juliette, 27 ans

Un peu de théorie

Préparez-vous psychologiquement

Simplifier son espace de vie demande une prise de conscience. Ne vous jetez pas tête baissée dans l'entreprise d'un grand ménage, mettez-vous d'abord en condition. Le désencombrement ne va pas s'effectuer en une journée. Faites preuve de patience, ne vous fixez pas de délais, ne cherchez pas à aller vite, mais soyez plutôt volontaire, ferme et efficace. Si vous voulez que cela fonctionne, vous devez vous montrer déterminé avant d'agir. Ne vous lancez pas dans cette entreprise si vous êtes en état de fragilité émotionnelle ou psychique car elle réclame de la présence pour pouvoir faire des choix et ne rien regretter par la suite.

Pour démarrer, vous pouvez trier. Faites-le consciencieusement. Cette phase est importante, car elle va déterminer les étapes suivantes et vous évitera tout découragement. Il est bon de commencer petit, en choisissant un espace peu volumineux. Ensuite, faites des tas : d'un côté, les objets utiles qui vous servent régulièrement (vous pourrez les ranger aisément une fois l'opération terminée), les objets en mauvais état que vous jetterez, ceux à vendre ou à donner, ceux dont vous ne savez pas quoi faire : demandez-vous à quoi ils vous servent et s'ils peuvent vous être encore utiles si vous les rangez ailleurs. Vous pouvez dédier une boîte ou un tiroir à tous ces instruments. Si, au bout de quelques mois, vous n'y avez toujours pas touché, vous pouvez considérer qu'ils sont superflus. Il sera alors temps de les donner ou de les vendre.

Les choses difficiles à jeter

Si, au bout d'un an, vous n'avez pas utilisé les objets que vous n'arriviez pas à jeter, vous pouvez vous en séparer. D'autres ont une valeur affective. Ils proviennent d'une personne que vous aimez. C'est le moment de vous interroger. Pourquoi conservez-vous cet objet ? L'aimez-vous ? À quoi sert-il ? Celui qui vous l'a offert va-t-il se vexer ? Le but de ces interrogations est de parvenir à vous défaire de cet objet, de vous débarrasser des liens affectifs qui l'entourent. Bien sûr, cela ne signifie pas que vous n'aimez plus la personne qui vous l'a offert.

S'il vous est impossible de jeter certains objets, ce n'est pas grave. Vous avez juste besoin de temps. Certaines choses sont tellement chargées émotionnellement que vous ne pouvez pas vous en défaire d'un seul coup. D'autres, en revanche, doivent rester avec vous : ils font partie de votre histoire. Désencombrement ne doit pas signifier souffrance !

Prenez tout de même conscience que certains d'entre eux n'ont plus lieu d'être chez vous. Ils font partie de votre passé et n'ont plus aucune signification. Il est bon de vous en défaire afin que d'autres choses puissent entrer dans votre vie. Jetez-les allégrement !

Plus vous avancerez dans ce tri, plus vous aurez des difficultés à jeter. Vos choix toucheront votre personnalité, votre identité. Ils vous obligeront à préciser vos positions, à défendre vos valeurs. Au final, vous ne garderez que les objets que vous aimez vraiment ou qui vous sont réellement utiles.

Les principes du feng shui

Le feng shui un est art chinois qui sert à harmoniser l'énergie d'un lieu dans le but de favoriser le bien-être de ses occupants. Cela ne peut être que positif d'appliquer certains de ses principes pour vous sentir mieux chez vous. Demandez-vous comment vous circulez dans votre maison, si vous êtes gêné dans vos mouvements, et comment vous pouvez améliorer vos déplacements.

Faites des plans : dessinez votre pièce. Prenez les mesures des meubles et reproduisez-les en respectant l'échelle. Découpez-les et trouvez-leur une place sur votre plan.

L'entrée doit être accueillante, car c'est le premier lieu que vont découvrir vos invités. Veillez à ne pas l'encombrer.

La cuisine est un lieu fonctionnel mais qui doit rester agréable. Cuisiner doit être un plaisir, c'est pourquoi il est bon de penser à son agencement. Le salon est une pièce pour recevoir. Il doit donc être chaleureux. Veillez à ce qu'il soit bien éclairé et confortable. Il faut surtout que l'ordre règne afin que le chi, l'énergie vitale, circule et que la détente soit possible. Pour que votre sommeil soit réparateur, optez pour des teintes et des matières douces dans votre chambre. Ne l'encombrez pas trop de meubles. La tête de votre lit devra être placée contre le mur et loin des portes et fenêtres. N'encombrez pas les étagères, mettez en valeur les objets que vous aimez. N'entassez pas les livres, harmonisez les couleurs et soignez la lumière. La salle de bains et les toilettes doivent être aérées en raison de l'humidité.

À RETENIR

Trier ses affaires

Pour vous sentir bien chez vous, commencez par faire le vide en rangeant, triant et jetant vos affaires. Pour cela, préparez-vous bien et choisissez le bon moment. Faites les choses petit à petit. Commencez par faire des tas avec les objets que vous utilisez régulièrement, ceux à donner ou à vendre, ceux qui ne servent à rien et ceux qui sont bons à jeter.

Apprendre à jeter

On a souvent du mal à se séparer de certaines de nos affaires. Pour les objets qui ont une valeur affective, prenez le temps de vous défaire de ce lien. Cependant, certains ont effectivement leur place auprès de vous alors que d'autres font partie du passé et n'ont plus aucun sens pour vous. Au final, vous ne garderez que ce qui compte vraiment.

Le feng shui

Il permet d'organiser votre lieu de vie en fonction de l'énergie vitale. Étudiez votre espace, voyez comment vous pouvez l'aménager au mieux pour vous déplacer facilement. D'une façon générale, chaque pièce doit être rangée, peu encombrée, pour que l'air circule. Les couleurs et les lumières doivent être douces. Le confort et la chaleur sont à privilégier.

Simplifier son mental

« Le plus grand secret pour le bonheur, c'est d'être bien avec soi. »

Bernard Fontenelle

Témoignage

« Je suis un hyperactif. Je me lève tôt, je travaille beaucoup, je déjeune en lisant le journal pour ne pas perdre de temps. Quand je sors du bureau, je file à la salle de sport, puis je dîne sur le pouce et je sors avec des amis, je vais au cinéma ou voir une petite expo. Quand je rentre chez moi, je bouquine ou je m'occupe de mes papiers. Je suis un addict du temps. J'estime qu'il n'y a pas une minute à perdre, que la vie est pleine de richesses et qu'il faut en profiter à fond. Ce qui est bien, c'est que je n'ai pas de préférence dans mes occupations, du moment que c'en est une.

Depuis quelque temps, je côtoie Sophie qui est l'inverse de moi. Elle a un boulot tranquille, à mi-temps, elle ne court pas après l'argent... après le temps non plus d'ailleurs ! Elle adore rester chez elle sans rien faire ou juste sortir se balader sans but précis. Elle peut s'asseoir sur un banc dans la rue et attendre en regardant les gens passer. Au début, je ne comprenais pas, c'était un OVNI pour moi ! J'ai essayé de la changer, de la motiver pour faire plus de choses, je trouvais vraiment qu'elle perdait son temps !

Et petit à petit, j'ai compris qu'elle était heureuse comme ça, que finalement elle profitait autant que moi de la vie, mais pas de la même manière, et que j'avais beaucoup à apprendre d'elle. Moi, je courais après le temps et je passais d'une activité à une autre sans approfondir quoi que ce soit. J'apprends donc à faire un peu moins de choses mais à les faire mieux ! »

Stéphane, 32 ans

Un peu de théorie

Face aux difficultés

Il arrive de se sentir en proie à des difficultés qui semblent insurmontables. Lorsque vous êtes ainsi bloqué, passez à autre chose, livrez-vous à une activité différente qui demande de la concentration. Vous pouvez aussi aller faire une marche rapide pendant vingt minutes. Si vos pensées et croyances persistent à vous encombrer, utilisez la méthode indiquée par Byron Katie : notez par écrit l'objet de votre souffrance.

Résumez la situation en une phrase et répondez à la question suivante : *« Est-ce vrai ? »*. Demandez-vous alors comment vous vous sentiriez sans cette pensée et rédigez votre ressenti.

Pour vraiment réduire le stress, le seul moyen est de ralentir. Faites une pause, même courte. Isolez-vous. Respirez trois fois de suite lentement et profondément en vous concentrant sur votre ventre. Cela prend peu de temps et peut se faire n'importe où.

Si vous êtes sujet à la colère ou à la déprime, utilisez la technique de Martin Seligman qui consiste à tenir un journal de vos réactions. Cela vous permet de les comprendre, de les analyser et de les dépasser. Décrivez l'événement, puis ce que vous pensez au fond de vous et rédigez les conséquences de votre réaction. Faites cet exercice plusieurs fois.

L'objectif de ces exercices est de rassembler au moins cinq situations différentes. Vous pourrez ainsi remettre en question votre attitude et vérifier si vos pensées sont exactes. La plupart du temps, nous déformons la réalité. Prenez du recul par rapport à votre réaction et remettez en cause votre pensée.

Pour rester zen

Livrez-vous à une courte méditation pour retrouver votre calme intérieur. Trouvez un endroit où vous serez certain de ne pas être dérangé. Asseyez-vous confortablement, le dos bien droit. Vous pouvez aussi vous allonger. Fermez les yeux. Prenez une longue inspiration et expirez le plus longtemps possible. Faites-le trois fois et imaginez un lieu où vous aimeriez vous rendre, un endroit où vous vous sentez bien, en sécurité. Essayez de le visualiser très précisément. Où vous trouvez-vous ? Dans une maison ou à l'extérieur ? Où vous tenez-vous ? Dans un fauteuil confortable, près d'une cheminée, ou assis au pied d'un arbre, au bord d'une rivière ? Visualisez tout ce qui vous entoure et goûtez au plaisir d'être là. Cet endroit sera le lieu où vous pourrez régulièrement vous rendre pour méditer, à chaque fois que vous éprouverez le besoin de vous ressourcer. Vous pouvez prolonger la méditation aussi longtemps que vous le souhaitez. Puis, quand vous le désirez, ramenez doucement votre conscience là où vous êtes et ouvrez les yeux.

Vous pouvez aussi prendre le temps d'observer une fleur ou un arbre ou tout autre végétal qui vous inspire. Notez sa forme. Prenez conscience de sa beauté, de sa pureté. Observez les nuances de ses couleurs. Quelle est son allure ? Si vous pouviez lui donner un qualificatif, lequel choisiriez-vous ? Ses pétales vous font-ils penser à du velours ? Qu'en est-il des feuilles ? Sont-elles douces, rugueuses, dentelées ? Quel parfum cela vous évoque-t-il ?

Pour évoluer

Prenez l'habitude de démarrer la journée joyeusement. Allez vers ceux qui vous font du bien. Dressez une liste de vos amis et décrivez chacun d'eux. Écrivez quelles sont ses qualités, ce que vous appréciez chez lui... Nos amis ont souvent des talents que nous aimerions avoir et des attitudes qui nous font du bien. Quelles sont-elles ? Et vous, que leur apportez-vous ? Quelles qualités apprécient-ils chez vous ? Posez-leur la question. À l'opposé, certaines de nos relations ne nous correspondent plus. Posez-vous la question de savoir ce que vous ne supportez plus chez elles.

Essayez aussi de définir quelles sont les valeurs auxquelles vous tenez. De même, citez trois personnes que vous admirez et essayez de comprendre pour quelles raisons vous les avez choisies.

Pour développer votre potentiel, notez cinq réalisations dont vous êtes particulièrement satisfait et cinq succès qui vous ont marqué. Si vous pouvez en rédiger davantage, faites-le ! Ces deux listes vont vous permettre de découvrir les ressources auxquelles vous avez fait appel pour les réaliser. Dressez aussi la liste de toutes les qualités dont vous avez fait preuve pour réussir.

Quelles sont les facultés que vous considérez comme acquises chez vous ? Quelles sont celles que vous trouvez un peu fragiles ? Que pourriez-vous faire pour les développer ? Il est fréquent que le manque de confiance apparaisse dans cet exercice. Demandez-vous alors : *« Si j'avais confiance en moi, qu'est-ce que je ferais ? »*

À RETENIR

Quelques techniques

Face à un obstacle, concentrez-vous sur autre chose ou aérez-vous. N'hésitez pas également à vous servir des techniques de Byron Katie et Martin Seligman qui vous aideront à dépasser vos blocages, vos colères ou vos déprimes en analysant les situations et vos réactions face à elles. Pour vous déstresser, ralentissez votre rythme de vie et respirez !

Se détendre

Pour retrouver votre calme, pratiquez la méditation. Installez-vous dans un lieu calme. Respirez profondément et imaginez-vous dans un endroit apaisant, où vous vous sentez bien. Essayez de le visualiser et de le ressentir pleinement. Vous pouvez aussi profiter de l'instant présent en observant la nature et en analysant ce qu'elle vous inspire.

Avancer

Entourez-vous des bonnes personnes. Sachez ce que vous appréciez en elles et ce qu'elles vous apportent. Définissez qu'elles sont vos valeurs. Évaluez ce que vous avez déjà accompli et réussi et essayez de déterminer quelles ressources vous avez utilisées pour cela. Établissez ainsi vos acquis et ce qu'il vous manque pour atteindre d'autres objectifs.

Le lâcher-prise

Définition du lâcher-prise

« Il faut faire éclater la coquille pour voir ce qu'il y a à l'intérieur. »

Maître Eckhart

Témoignage

« Pour moi, le lâcher-prise est un outil qui m'aide à vivre mieux. J'essaie de le mettre en pratique quotidiennement mais ça n'est pas si simple. Je l'ai compris grâce à la lecture d'ouvrages mais j'ai mis un peu de temps à assimiler ce concept. Si je devais donner une définition, je dirais que c'est l'art d'accepter toutes les choses que la vie nous propose. Mais, pour saisir le sens du lâcher-prise, il faut l'appliquer. Il faut donc auparavant être dans une certaine démarche. Concernant ma propre expérience, c'est parce que ma souffrance m'était devenue insupportable que j'ai fait l'effort d'apprendre ce qu'est vraiment le lâcher-prise. J'avais alors des difficultés dans mon travail. J'étais attachée commerciale et je ne parvenais plus à atteindre mes objectifs hebdomadaires. À chaque réunion, je vivais un véritable enfer. Mon supérieur me tenait pour unique responsable des mauvais résultats que j'obtenais. Il avait soin de mettre en avant mon incompétence. Il est vrai que mes collègues réussissaient mieux que moi. Néanmoins, je m'accrochais et j'essayais réellement de remporter davantage de contrats. Les semaines passaient et, malgré quelques chiffres encourageants, je ne parvenais toujours pas à obtenir des accords suffisants. Mon supérieur m'a alors posé un ultimatum : si dans un mois je n'avais pas réalisé les ventes souhaitées, il serait obligé de me licencier. La

pression était forte. Comme je suis d'une nature plutôt optimiste, j'ai foncé, en me disant que j'allais y arriver ! Mais ça n'a pas été le cas. La dernière semaine, j'ai enfin compris que je n'y arriverai pas. La veille de la réunion, en désespoir de cause, je n'ai pas travaillé. J'ai marché. J'ai traîné dans les rues de la capitale, la tête vide. Je ne savais plus quoi faire. J'ai appelé une amie, qui m'a dit : "Si tu n'y arrives pas, c'est peut-être que tu dois faire autre chose". Ça a été le déclic. Dans le même temps, j'ai ressenti un immense soulagement. J'allais me libérer de ce travail. Elle avait raison. Pourquoi est-ce que je m'évertuais à faire ce métier qui ne me plaisait pas vraiment ? Il fallait que je cesse d'y tenir et envisager un emploi différent. Il fallait que je lâche prise pour m'ouvrir à un avenir plus intéressant. J'ai passé la soirée à discuter avec mon amie qui m'a confié un livre sur le lâcher-prise. Depuis, j'ai effectivement changé de profession et je me sens nettement plus heureuse. »

Céline, 38 ans

Un peu de théorie

Un puissant levier du changement

Le lâcher-prise est une notion complexe. Bien que le terme même de lâcher signifie laisser, il met néanmoins en œuvre un changement. Il s'agit de laisser ou plus exactement de « cesser de tenir, de serrer », nous dit le Petit Robert. Pour donner une définition du lâcher-prise, disons que c'est l'action qui consiste à laisser de côté ce qui nous empêche d'aller bien. En lâchant prise, nous nous ouvrons et accueillons le nouveau. En procédant de cette façon, nous nous engageons vers une vie plus heureuse, en meilleure adéquation avec qui nous sommes.

Un moment opportun

Il arrive un point culminant où il nous faut abandonner les choses qui n'ont plus lieu d'être. Nous nous sommes agrippés désespérément à ce que nous tenions, mais à un moment donné, il nous faut reconnaître que cela ne sert à rien. Certaines choses sont dépassées et nous empêchent d'évoluer. En effet, lorsqu'une situation nous semble intenable et que nous traversons une sorte de chaos intérieur, c'est qu'il est temps de lâcher prise.

Une attitude qui soulage

Le lâcher-prise ne se voit pas puisqu'il agit au niveau de l'esprit, mais il se ressent. C'est un voyage à l'intérieur de soi qui, à force de courage et de volonté, permet d'abandonner ce qui nous fait souffrir. En lâchant prise, tout ce que nous subissions disparaît. Nous nous allégeons du poids de cette douleur.

Le véritable détachement

Lâcher prise, c'est renoncer à nos résistances intérieures. En général, quand les choses ne vont pas très bien, nous nous acharnons encore plus pour que rien ne change. Par exemple, votre compagnon veut aller vivre en province alors que vous venez de perdre votre emploi. Au lieu d'en discuter tranquillement avec lui et de voir quel genre de travail vous pourriez effectuer ailleurs, vous allez vous entêter à penser que vous devez absolument rester au même endroit afin de retrouver un poste similaire.

Découvrons notre véritable nature

Si nous sentons que nous nous acharnons, c'est forcément que nous luttons contre notre nature. L'effort que nous éprouvons indique que nous nous trompons. Nous faisons fausse route. Il ne sert à rien de se crisper sur la chose que nous voulons absolument conserver. Le lâcher-prise, c'est arrêter d'agir dans le « mauvais » sens pour que notre véritable nature s'épanouisse.

Renoncer, c'est lâcher prise

Le lâcher-prise est une technique ancienne qui fait partie de la sagesse orientale. Ainsi, pour les bouddhistes, le lâcher-prise s'apparente au renoncement. Cet état d'esprit conduit à la paix intérieure. Ils considèrent que faire, avoir et devenir occupent une grande partie de notre vie. Ce sont des distractions qui nous éloignent de notre nature essentielle. Y renoncer nous libère et nous permet d'emprunter le chemin qui mène vers soi.

Le Wu Wei, le lâcher-prise taoïste

Pour les taoïstes, l'art du lâcher-prise est le Wu Wei, qui se traduit par le non-agir ou l'absence d'effort. Cela ne veut pas dire ne rien faire mais plutôt œuvrer de façon juste, en accord avec une force qui nous dépasse. Lorsque l'attitude vraie est atteinte (une combinaison du vouloir et de l'intention), l'action peut se réaliser.

À RETENIR

Le lâcher-prise est un processus

C'est une démarche qui consiste à abandonner ce qui nous fait souffrir. Tant que nous résistons, le lâcher-prise ne peut s'effectuer. Moins nous avons de freins, plus il est facile de mettre en œuvre le lâcher-prise.

Lâcher prise, c'est cesser de donner raison à ce qui nous tourmente

Si nous comprenons que nous donnons de l'importance aux choses qui ne le méritent pas, nous avons fait un grand pas en direction du lâcher-prise.

Le lâcher-prise est un acte de la conscience

C'est en comprenant que la situation que nous vivons est indésirable, que nous pouvons entreprendre de l'abandonner.

Le lâcher-prise vient de l'intérieur

Le lâcher-prise ne vient pas de l'extérieur. Même si l'événement qui nous trouble se situe à l'extérieur de notre personne, c'est notre façon de le considérer qui est en jeu. Il nous faut modifier notre perception pour lâcher prise.

Les principes du lâcher-prise

« La vie est un mouvement; plus il y a vie, plus il y a flexibilité; plus vous êtes fluide plus vous êtes vivant. »

Arnaud Desjardins

Témoignage

« Je travaillais en tant que chef de projet informatique dans une petite structure. L'ambiance était très décontractée et nous avions vraiment des bonnes relations entre collègues et membres de la direction. Chaque année, nous avions même un ou deux repas organisés par les dirigeants pour que nous puissions nous connaître mieux (certaines personnes exerçaient sur les sites clients). Bref, l'ambiance était plutôt chaleureuse et fort agréable. Mais, un jour, nous avons appris que la société allait être rachetée par un groupe renommé dans le secteur. Nous allions changer de lieu de travail pour intégrer les locaux de la nouvelle compagnie. Nos habitudes allaient être fortement modifiées puisque nous devions exercer dans un open space. Fini la tranquillité de nos petits bureaux. Outre l'aspect physique, il faut noter aussi les transformations de nos façons de travailler. L'organisation allait être différente, plus encadrée, avec des exigences de résultats plus formels. Autant dire que toutes ces modifications n'enchantaient personne. Nous étions réticents car nous n'avions pas décidé ce changement. Il nous restait à accepter ou à refuser. Pour ma part, changer de lieu ne me gênait pas vraiment, j'allais même gagner du temps sur la durée des transports. Par contre, le fait d'être davantage contrôlé ne m'enchantait guère et j'étais assez hostile à l'idée de partager la même pièce que 50 autres personnes. Nous avions trois mois pour réfléchir et

accepter ou non de faire partie du groupe. Certains ont changé d'employeur. D'autres, comme moi, ont pesé le pour et le contre pour finalement accepter. J'ai essayé de modifier mon attitude. Après tout, cette expérience pouvait être enrichissante, j'allais connaître davantage de monde et peut-être avoir l'opportunité de travailler sur des projets plus intéressants. Petit à petit, j'ai vu les bons côtés et j'ai intégré la nouvelle équipe assez joyeusement. C'est en changeant mon point de vue que j'ai pu accepter cette nouvelle entreprise. »

Christophe, 34 ans

Un peu de théorie

Rien n'est permanent, tout est en perpétuelle évolution

Un des principes du lâcher-prise est de prendre conscience que chaque chose, chaque être évolue sans cesse. Nous ne pouvons pas arrêter le temps. Chaque personne change. Nous nous transformons physiquement, intellectuellement, émotionnellement, tout au long de notre vie. Il en est de même pour tout ce qui nous entoure : les plantes, les animaux, le vent, la pluie. Les objets aussi se modifient, ils se patinent, se cassent, sont recyclés. Il ne sert donc à rien de s'attacher à quoi que ce soit puisque tout se transforme.

Acceptons le changement

Comme tout évolue, il est inutile de vouloir retenir ce qui est passé. De toute façon, quoique nous pensions, quoique nous fassions, les choses se transforment. Nous n'y pouvons rien. C'est la loi de la nature. Si nous refusons, nous allons contre la nature. En acceptant les transformations, nous sommes en accord avec l'ordre des choses. En général, nous refusons ce qui nous arrive parce que nous jugeons l'événement négatif. Comme

Christophe, qui, lorsqu'il a appris le rachat de sa société, a tout d'abord vu tout ce qui l'ennuyait, à savoir travailler dans un open space et fournir des résultats. Au lieu d'avoir des réticences, il vaut donc mieux adopter tout de suite une attitude beaucoup plus ouverte et regarder ce que le changement peut nous apporter de positif. Ainsi Christophe a réalisé qu'il mettrait moins de temps pour se rendre au travail, qu'il allait faire des nouvelles connaissances et qu'il pourrait peut-être travailler sur des projets plus intéressants.

Acceptons tout ce qui arrive

Tout au long de notre vie familiale, professionnelle, sentimentale et relationnelle, nous sommes confrontés à des événements heureux et malheureux. Les premiers nous transportent de joie. Les seconds nous attristent et nous avons souvent la fâcheuse tendance à dramatiser la situation. Or, en lâchant prise, c'est-à-dire en acceptant la « difficulté », le malaise s'estompe pour faire place à la sérénité. Ainsi, lorsque vous apprenez que votre ami ne pourra pas se libérer pour aller en week-end avec vous, il n'est pas nécessaire de vous mettre en colère ou de lui faire une scène. Même si vous aviez très envie de partir, vous pourrez le faire plus tard. Profitez de votre temps libre pour prendre soin de vous. L'acceptation délivre de toutes les émotions et permet de changer son point de vue. Les choses paraissent plus simples. Tout se déroule parfaitement.

Nous ne pouvons pas tout maîtriser

Nous n'avons pas la capacité de changer le cours des événements. Notre culture occidentale veut nous faire croire le contraire, en nous faisant miroiter que nous avons le pouvoir de changer les choses, de guérir, d'être riche, etc. Si cela était vrai, nous pourrions échapper aux catastrophes naturelles, à la guerre, aux épidémies. Tous nos projets pourraient être réalisés facilement. Or, cela ne semble pas fonctionner ainsi. Avez-vous décidé d'être licencié ? Non. Reconnaissons que nous n'avons pas le pouvoir sur toutes les choses. Nous pouvons uniquement nous efforcer de faire de notre mieux.

Nous ne pouvons pas tout contrôler

Si nous nous accrochons désespérément aux choses, c'est parce que nous sommes persuadés que nous allons en venir à bout et en sortir vainqueur. C'est parce que nous avons l'illusion de contrôler les choses. Libérons-nous de cette pensée erronée. Nous n'avons pas de tels pouvoirs. Nous n'avons pas la capacité de diriger le monde. Nous avons nos limites. Admettons-le. En acceptant de ne pas tout contrôler, une ouverture s'effectue. La place pour d'autres événements se crée. Dans le même temps, le calme succède à l'agitation inutile du mental.

Accepter ne veut pas dire approuver

Votre frère ne peut toujours pas vous rembourser une somme d'argent qu'il vous avait empruntée voici six mois. Il vous avait pourtant promis de le faire et vous comptiez un peu dessus pour régler une note imprévue de plomberie. En acceptant que les choses ne se déroulent pas comme vous le pensiez, vous allez pouvoir résoudre votre problème autrement. Mais cela ne signifie pas pour autant que vous approuviez l'attitude un peu légère de votre frère. Vous êtes tout à fait en droit de lui faire remarquer que cela vous aurait facilité la tâche, s'il vous avait restitué votre argent.

À RETENIR

Accepter, c'est recevoir

Acceptons le changement. Au lieu de se bloquer sur un événement indésirable, et donc de le refuser, il est préférable de l'accueillir. D'une part, nous ne gaspillons plus notre énergie en nous énervant, et d'autre part, nous ouvrons un espace pour que les choses s'enchaînent de manière fluide.

Le calme accompagne l'acceptation

Pour vous rendre compte si vous avez vraiment accepté tel ou tel événement, observez si vous ressentez une sérénité. Généralement, l'apaisement voire le soulagement font partie intégrante du processus d'acceptation. C'est donc très agréable.

Soyons indulgents avec nous-mêmes : acceptons nos limites

Ne soyez pas trop exigeant avec vous. Soyez réaliste et bienveillant avec votre propre personne. Vous ne pouvez pas tout faire. Ouvrez-vous aux résultats au lieu de vous acharner à en obtenir. De plus, en reconnaissant nos propres limites, il devient plus facile d'accepter celles des autres.

Restons humbles

N'ayons pas la prétention de changer le monde. C'est uniquement nous-mêmes que nous pouvons améliorer.

Les attitudes à adopter

« L'optimisme vient de Dieu, le pessimisme est né dans le cerveau de l'homme. »

Proverbe arabe

Témoignage

« Je m'efforce de lâcher prise pour ne plus être "débordée". J'ai compris que lorsque j'accepte les choses, je peux les régler calmement. Ça ne me sert à rien de m'emporter ou de m'agacer. J'essaie d'appliquer cette règle lors des petits tracas de la vie quotidienne. Par exemple, quand je me trouve dans la file d'attente d'un commerçant et qu'une personne dépasse tout le monde, l'air de rien. Avant, je réagissais immédiatement et j'invectivais contre l'escroc. Aujourd'hui, j'essaie, car je n'y parviens pas toujours, de ne rien dire et de m'amuser de la situation. Après tout, cette personne a peut-être quelque chose à m'apprendre, ou alors cela peut être l'occasion de sourire ou encore de communiquer avec ceux qui attendent. Je prends du recul. Du coup, je ne suis pas stressée mais très calme et même assez enjouée. Pour des événements un peu plus sérieux, j'adopte le même comportement : j'observe, je considère la chose et j'agis tranquillement si c'est nécessaire. Par exemple, le mois dernier, ma cave a été visitée. La porte a été forcée et ne tenait plus. Tout d'abord, J'ai vérifié le contenu : rien n'a été volé. Ensuite j'ai regardé si la porte pouvait être réparée. Ce qui était le cas. J'ai donc acheté un nouveau cadenas, des vis et j'ai remis la porte en état. Tout simplement. Il y a quelques années, je me serais mise en colère et j'aurais téléphoné à mes copines

pour leur raconter ce grand malheur. J'ai progressé depuis et je m'en porte d'autant mieux. Mais pour cela, il faut que je sois très présente. C'est d'ailleurs la principale difficulté pour parvenir à lâcher prise sur les petits tracas quotidiens. L'autre jour, le vent a emporté mon chapeau. J'ai couru à sa poursuite mais je ne suis pas parvenue à le rattraper. J'ai arrêté ma course et je l'ai regardé s'envoler. Je me souviens même lui avoir dit au revoir. J'ai réussi à accepter en me disant que j'en trouverai certainement un mieux. Après tout, il ne m'allait pas si bien que ça ! J'essaie de me réconforter pour passer à autre chose. Il faut bien reconnaître que ça ne sert à rien de dramatiser ou de s'apitoyer. Ce qui arrive n'est pas bien grave. Mais je reconnais que je ne suis pas au point dans toutes les situations : il m'arrive encore de m'énerver, quand je suis au volant de ma voiture par exemple... »

Manon, 42 ans

Un peu de théorie

Prenons les choses comme elles viennent

Plutôt que de se crisper pour être prêt à bondir, en réaction à ce qui survient, essayons d'accepter les événements pour ce qu'ils sont. Votre voisin vient d'inonder votre séjour ? Bien. Ne vous précipitez pas chez lui dans le feu de la colère. Considérez ce qui se passe. Quelle action devez-vous entreprendre en premier ? Mettre une bassine sous la fuite ? Très bien. Avertir ensuite votre voisin des dégâts que vous constatez chez vous ? Parfait. Vous pouvez aller sonner chez lui. Ainsi, en adoptant un état d'esprit positif et pratique (puisqu'il faut bien l'être dans cette situation), vous resterez calme et parviendrez à régler le problème posément sans créer des tensions inutiles.

Détachons-nous

Lorsque nous sommes impliqués dans un événement, nous nous oublions pour faire corps avec ce qui se vit. S'il s'agit d'une activité artistique ou d'un travail qui requiert toute notre attention, il est naturel de le faire. Par contre, si cela concerne une chose extérieure à nous, il n'est pas nécessaire de s'investir autant. C'est même déconseillé puisque nous agissons alors contre notre nature, en nous identifiant à ce qui arrive. Il n'existe aucun enjeu, aucun défi à relever. Par exemple, vous tombez en panne avec votre voiture sur une route de campagne. La ville la plus proche se trouve à vingt kilomètres et la circulation est quasiment inexistante. Au lieu d'enrager ou de vous effondrer (il existe toute une palette de réactions) et donc de vous assimiler à la panne, il vaut mieux prendre du recul. En adoptant une attitude détachée, le problème n'est plus insurmontable mais vite résolu.

Prenons le temps de réfléchir

Le lâcher-prise s'apprend et s'entretient. Il nécessite des prises de conscience ainsi que des mises au point. Il faut donc consacrer du temps à la réflexion. Nous devons, par exemple, nous interroger sur ce qui nous bloque pour être capables de lâcher prise.

Faisons-nous confiance

Pour lâcher prise, il est nécessaire d'avoir confiance en soi pour ne pas céder à la peur. C'est une attitude juste et responsable. Nous devons avoir de la considération pour nous-mêmes. Dans le fond, nous savons que nous pouvons mener notre vie en toute quiétude, quoiqu'il arrive. Se faire confiance amène un relâchement des tensions dans le corps et l'esprit.

Faisons confiance aux autres

Lorsque nous parvenons à accorder notre confiance à ceux qui nous entourent, nos relations s'en trouvent améliorées. Essayons de ne pas vouloir changer les autres, car de toute façon, c'est impossible : nous ne pouvons changer que nous-mêmes. Cessons de contrôler ce que font nos collègues, par exemple. Lorsque nous leur faisons confiance, nous nous apercevons d'ailleurs qu'ils sont très efficaces. En plus, nous sommes détendus !

Faisons confiance à la vie

Cette attitude confiante, il faut essayer de l'adopter en permanence, sur tout. Dès le réveil, essayez d'être confiant et prolongez cet état tout au long de la journée. Même si vous ne parvenez pas tout le temps à le faire, car vous êtes trop occupé dans vos actions quotidiennes, pensez à mettre en pratique cette confiance le plus souvent possible. Votre qualité de vie n'en sera que meilleure.

Mettons le cap sur l'essentiel

Apprenons à relativiser. Votre veste est fichue parce que vous n'avez pas vu l'étiquette « nettoyage à sec ». Dans le fond, est-ce si important ? À quoi tenez-vous vraiment dans la vie ?

Attendons-nous à recevoir

En nous délestant de tout ce qui nous encombre, en nous ouvrant sur la vie, nous provoquons des changements en nous-mêmes qui semblent se répercuter sur l'extérieur. Ainsi, lorsque nous sommes confiants, nous émettons une énergie joyeuse. C'est comme si cette énergie trouvait un écho quelque part et nous renvoyait ce que nous sommes en mesure de recevoir. Mais cela n'arrive que si nous sommes prêts à l'accueillir. Par exemple, après avoir adressé notre candidature à une société, n'y pensons plus. Restons confiants.

À RETENIR

Arrêtons-nous

À chaque fois que nous résistons, essayons de nous arrêter pour identifier nos tensions et comprendre ce qui se passe en nous.

Apprenons à nous observer

Pour parvenir à déceler les pensées qui encombrent inutilement notre esprit, nous devons apprendre à nous observer. En prenant du recul, il est alors tout à fait possible de considérer nos ruminations et de s'apercevoir qu'elles n'ont rien à faire là. Elles nous ennuient. Cette prise de conscience nous permet de nous en défaire.

Ouvrons-nous à l'imprévu

En ayant l'esprit ouvert, nous pouvons nous attendre à tout (le meilleur si possible). Il suffit d'activer sa curiosité naturelle, se préparer à découvrir quelque chose de nouveau pour obtenir cette attitude. Souvenons-nous de notre comportement lorsque nous étions enfants. Le monde, avec tous ses trésors, nous appartenait. Retrouvons notre esprit d'aventure et notre capacité à nous adapter à tout type d'événement.

Réorientons notre attention

Essayons de ne plus nous focaliser sur les aspects pénibles qui alourdissent notre vie. Soyons vigilants et surveillons la nature de nos pensées.

Se remettre en question

« Celui qui marche dans l'intégrité marche en confiance et trouvera le salut. »

Livre des Proverbes

Témoignage

« J'étais soucieuse. Victor, mon fils de 8 ans, avait de mauvais résultats scolaires. Pourtant je lui consacrais beaucoup de temps. Chaque soir, je lui expliquais les leçons qu'il ne comprenait pas. Je m'efforçais d'être patiente et je passais au moins une heure par jour à l'aider. Au deuxième trimestre, la situation ne s'était toujours pas améliorée. Je suis passée à la librairie acheter le journal et un titre sur un magazine m'a interpellée : "L'échec scolaire". J'ai pris la publication en question et j'ai dévoré le dossier. J'ai découvert que des tas de parents se posaient les mêmes questions que moi. L'échec scolaire était fréquent. J'ai même lu un témoignage qui ressemblait beaucoup à ce que je vivais avec Victor. Le point de vue des psychologues était clair : ils conseillaient d'être moins exigeants avec nos chères têtes blondes. Ils constataient que beaucoup de parents mettaient trop de pression sur leurs enfants. Il fallait les laisser respirer un peu. Les enfants ont besoin de s'amuser et de décompresser. L'article donnait des références d'ouvrages sur le sujet. J'en ai lu une bonne partie, en un temps record. Pour moi, il y avait urgence à ce que Victor ait de bons résultats. Je me suis rendu compte que je l'accaparais beaucoup trop. Je m'en occupais trop. Je ne le laissais pas vivre à son rythme. Je contrôlais tous les jours ce qu'il avait à faire ou je vérifiais s'il avait fait tous ses devoirs. Je ne lui rendais pas la vie facile et à moi

non plus. Au final, j'ai compris que je ne faisais pas assez confiance à mon fils. Je me conduisais comme si j'étais persuadée qu'il n'y arriverait pas. J'exigeais de lui ce que j'exigeais de moi. C'était absurde. Il fallait que je modifie mon attitude. J'ai donc essayé de changer et de faire confiance à Victor. J'ai adopté un comportement différent le jour même et je lui ai dit : "Je n'ai pas le temps de m'occuper de toi ce soir. Fais ce que tu dois faire. Je suis certaine que tu le feras très bien." J'ai bien vu la surprise de Victor mais il est allé dans sa chambre et s'est mis au travail. Curieusement, je me suis sentie apaisée, détendue. Au bout d'une heure, Victor m'a annoncé qu'il avait terminé. "– Veux-tu vérifier ? – Est-ce nécessaire ? – C'est comme tu veux. – Alors, ça n'est pas la peine." En changeant mon attitude, je me suis sentie beaucoup mieux et Victor aussi. L'atmosphère est maintenant détendue et les résultats... bien meilleurs ! »

Annick, 43 ans

Un peu de théorie

Le contrôle

Comme Annick, qui vérifie si son fils parvient à faire ses devoirs, nous avons la fâcheuse manie de vouloir contrôler les choses et les gens. La porte est-elle bien verrouillée ? La lumière dans la chambre des enfants est-elle bien éteinte ? Mon e-mail est-il bien parti ? Mon mari a-t-il fait les courses ? Mon fils a-t-il descendu la poubelle ? Toutes ces vérifications nous prennent non seulement du temps mais en plus elles nous encombrent. Pour prendre conscience de tous nos contrôles, observons-nous pendant une journée. Que vérifions-nous ? Est-ce indispensable ? Si nous sommes honnêtes avec nous-mêmes, nous reconnaîtrons que nous pouvons en éliminer une bonne partie. Nous nous sentirons peut-être moins « importants » mais plus légers.

À quoi nous accrochons-nous ?

Nous jouons tous un rôle. Nous pouvons par exemple employer des termes peu habituels devant un client pour montrer notre professionnalisme. Si l'emploi de ce vocabulaire ne nous vient pas naturellement, si nous avons l'impression de jouer la comédie, nous avons raison. C'est le cas. Alors pourquoi continuer ? Est-ce vraiment indispensable ? Arrêtons d'imiter nos semblables et renouons avec notre véritable authenticité.

Fixons-nous de vrais objectifs

Pour nous réaliser, nous nous fixons des buts à atteindre. Cela est indispensable. Mais beaucoup de nos objectifs sont superflus et nous pourrions aisément les éliminer de notre vie. Par exemple, pourquoi nous laisser submerger par le travail ? N'est-ce pas là le signe que nous nous étourdissons pour oublier de nous connaître ? Que souhaitons-nous atteindre ? Nos objectifs nous concernent-ils directement ? Ne pouvons-nous pas ralentir le rythme et prendre le temps d'être avec nous ? Ne souhaitons-nous pas plutôt nous réaliser et rendre notre vie plus harmonieuse ?

Reconnaissons nos limites

Certains veulent toujours avoir raison et c'est très agaçant pour leur entourage. Lorsque ces gens-là débattent d'un sujet, ils préfèrent camper sur leurs positions plutôt que de reconnaître qu'ils se trompent. Ils ne veulent pas perdre la face. Le jour où ils se libéreront de leur orgueil, ils se sentiront beaucoup mieux. Nous avons tous à nous défaire d'attitudes qui, non seulement, nous desservent, mais nous empêchent d'être vraiment nous-mêmes. Soyons intègres et acceptons nos limites.

Soyons honnêtes avec nous-mêmes

Nous remettre en question, c'est prendre la décision de considérer ce qui ne va pas pour y remédier. Cette démarche requiert de l'humilité puisqu'il s'agit de reconnaître nos erreurs. Cela n'est jamais agréable. Nous devons ressentir le besoin impérieux de découvrir la vérité, pour être en mesure d'examiner sans complaisance la situation. C'est le désir d'authenticité qui va nous guider dans cette phase. Soyons honnêtes avec nous-mêmes pour que la remise en question soit possible.

Exerçons notre sens critique

Nous venons de nous disputer avec notre conjoint. Nous nous isolons, en proie à une grande détresse. Le mieux à faire est tout d'abord de faire tomber l'excitation qui nous trouble. Respirons profondément. Retrouvons notre calme. N'essayons pas de voir qui a raison (dans les disputes, en général, les torts sont partagés). Considérons plutôt ce que nous n'admettons pas et ce qui nous fait souffrir. Au besoin, notons-le. Écrire permet de révéler ce qui ne va pas. Que reprochons-nous à notre conjoint ? Que voudrions-nous qu'il fasse ? S'il le faisait, comment nous sentirions-nous ? Considérons-nous cette dispute comme bénéfique ? Pourquoi ? Posons-nous toutes les questions afin de comprendre ce qui nous bloque ou nous gêne intérieurement. Lorsque nous affirmons quelque chose, comme le conseille Byron Katie *, demandons-nous simplement : *« Est-ce vrai ? »*. C'est une question clé qui est au centre de la remise en question.

* Byron Katie, *Aimer ce qui est. Vers la fin de la souffrance*, éditions Ariane, 2003.

À RETENIR

Abandonnons nos comportements contraignants

Arrêtons de jouer un rôle. Acceptons qui nous sommes et montrons-nous ainsi. Assumons-nous.

Cherchons à être authentiques

Chaque moment de notre vie est précieux. Ne le gaspillons pas en nous étourdissant par des activités superflues. Cherchons à nous réaliser.

Soyons gentils avec nous-mêmes

Lorsque nous décidons de nous remettre en question, il n'est pas question de nous accabler. La démarche est déjà assez douloureuse comme ça. Il n'est pas nécessaire de la rendre davantage insupportable. Accueillons nos erreurs avec bienveillance. Se tromper n'est pas très grave. C'est humain. En comprenant nos méprises, nous nous en libérons. Cela nous permet d'évoluer.

Pourquoi nous remettre en question ?

Nous pouvons continuer à vivre sans rien y changer. Mais, si au fond de nous, nous ressentons un malaise, explorer la raison de ce mal-être sera salutaire. Plus nous ferons du « ménage » intérieur, plus nous nous allégerons et plus nous nous approcherons de notre véritable nature. En nous débarrassant de ce qui est superflu et dispensable, nous sommes tout simplement nous-mêmes.

À faire régulièrement

« Savoir et ne pas agir, c'est ne pas savoir. »

Dicton chinois

Témoignage

« J'ai établi une règle de vie pour vivre le plus possible en accord avec moi. Je m'accorde deux heures chaque matin. J'essaie de m'y tenir même si parfois les circonstances ne sont pas favorables. Je me lève tôt. Cela me permet de profiter du silence de la maison : tout le monde dort encore. J'ai aménagé une pièce en bureau-salon de repos. C'est là que je m'installe chaque matin pour me relaxer. Je mets une musique appropriée, je m'assois sur une chaise, le dos bien droit. Je ferme les yeux et je me concentre sur la musique. Je reste ainsi environ vingt minutes. Parfois, j'ai tendance à m'assoupir si je suis fatiguée mais je m'efforce de demeurer présente. Ensuite, je fais des mouvements de taï-chi-chuan pendant environ trente minutes. Après cette séance, je suis vraiment centrée et prête à démarrer la journée. J'entends les enfants qui se lèvent et le défilé dans la salle de bains commence. Je prépare le petit déjeuner pour toute la famille. Pendant que mon mari et mes enfants mangent, je file dans la salle de bains. Lorsque j'en ressors tout le monde s'apprête à partir. Je les embrasse. La porte se referme et là, c'est un moment délicieux. Je suis seule pour déguster dans le calme mes tartines et mon thé. Ensuite, je peux partir, à mon tour, au bureau.

Je me fais plaisir régulièrement. J'adore passer une heure dans le rayon développement personnel d'un grand magasin. J'en profite aussi pour écouter des musiques que je ne connais pas. Une fois par semaine, je vais à un cours de taï-chi. Depuis que j'ai découvert cette discipline, je me sens vraiment bien. Cela m'a transformée. Je suis désormais extrêmement présente.Je vais souvent à des conférences concernant la spiritualité. J'ai découvert récemment des cours d'initiation à la méditation que je vais bientôt tester. J'aime apprendre. Une journée sans sourire est une journée gâchée : je veille à trouver des prétextes à rire. Et j'en trouve tous les jours, heureusement. J'essaie de vivre le plus pleinement possible.

Parfois, je fais des choses un peu bêtes, histoire de rire davantage. J'aime bien les boutiques de jouets. J'essaie tous les articles qui émettent des sons ou de la musique. J'appuie sur le ventre du bébé qui pleure, j'enclenche le programme d'une poupée qui chante, j'essaie le xylophone. Bref, je m'amuse comme une gamine. Cela me fait du bien même si les clients me regardent parfois avec un œil désapprobateur ou consterné. »

Valérie, 42 ans

Un peu de théorie

Instaurons un rituel matinal

Essayons d'élaborer un rituel journalier destiné à nous consacrer du temps. Ainsi Valérie se livre tous les jours à la relaxation et au taï-chi. Elle a fait en sorte de prendre son petit déjeuner seule. Il s'agit de trouver des tâches qui nous relient et nous fassent du bien. Ce rituel doit être personnel. Certains voudront se livrer à une série de mouvements corporels, d'autres souhaiteront écrire pendant vingt minutes. L'idéal est de le faire chaque matin car l'objectif est de démarrer la journée en nous faisant du bien.

Chaque journée doit nous permettre de rire

Veillons à ce que chacune de nos journées soit joyeuse. La vie est beaucoup plus légère si nous rions. Le rire se cultive tout comme l'optimisme. Tenons-nous prêts à saisir les occasions de rire ou de sourire. Lorsque la journée commence par un beau ciel bleu, réjouissons-nous. Rire fait partie d'une attitude de vie. Choisissons une vie joyeuse plutôt qu'une vie triste.

Faisons-nous plaisir

Prenons soin de nous en nous choyant, comme nous ferions avec un enfant. Ayons la même attention bienveillante, chaleureuse et aimante envers nous. Nous avons envie de suivre des cours de poterie. Faisons-le. Accordons-nous régulièrement du plaisir : offrons-nous des petits cadeaux, organisons des escapades solitaires pour découvrir des endroits qui n'émerveillent que nous, sachons nous gâter et nous dorloter. Nous le méritons !

Adoptons l'esprit de dérision. Il nous permet de prendre du recul sur les événements. Il nous simplifie la vie en la rendant plus légère. Prenons cinq euros et achetons-nous des choses stupides qui réjouissent notre âme d'enfant : des bonbons, des étoiles, des anges, des colliers, etc. Autorisons-nous à faire des choses que nous aimerions faire mais que ne faisons pas.

Enrichissons notre spiritualité

Il peut être utile d'avoir sur soi un petit carnet pour noter ce qui nous nourrit. Par exemple, nous remarquons une annonce pour une conférence qui nous intéresse. Nous n'avons pas envie d'assister à la conférence mais le thème nous intéresse. Inscrivons-le dans notre carnet. Nous chercherons plus tard des ouvrages sur ce sujet. Une nouvelle revue parlant du cerveau paraît. Procurons-nous le premier numéro. Peut-être déciderons-nous par la suite de nous abonner. Des ateliers sur la médiumnité ont lieu. Inscrivons-nous s'ils nous intéressent. Ouvrons-nous. Soyons curieux. Enrichissons-nous.

Vidons nos armoires

À chaque changement de saison, faisons le tri dans nos armoires : jetons ce qui est usé. Donnons ce que nous ne porterons plus, ce qui ne nous va plus. Comme le conseille Dominique Loreau, trouvons notre style et arrêtons de suivre les modes. Optons pour la simplicité et des tenues dans lesquelles nous nous sentons bien.

Mettons de l'ordre dans nos têtes

Notre esprit n'est pas toujours en ordre et nous le savons. Regardons ce qui nous dérange. Établissons une liste de choses qui ne vont pas : les émotions par exemple. Dressons la liste des émotions qui nous font souffrir. Quelles sont les choses ou les pensées qui provoquent ces émotions ? Établissons la liste. Faisons le bilan.

Notre aptitude à lâcher prise

Avons-nous encore des liens nous empêchant de lâcher prise ? Voici une liste de questions pour nous en rendre compte :

– Notre attitude correspond-elle à notre intention ?
– Voulons-nous agir sans réussir à le faire ?
– Souhaitons-nous arrêter d'agir et ne pas y parvenir ?
– Avons-nous tendance à imposer ? À contrôler ?
– Écoutons-nous les autres ? Jugeons-nous les autres ?
– Avons-nous peur ? Écoutons-nous nos émotions ?

Si notre présence faiblit

Il nous est parfois difficile d'être dans le moment présent. Ayons alors le réflexe d'y remédier et accordons-nous le temps nécessaire pour nous ressourcer. Marchons en pleine nature. Aménageons-nous des plages horaires pour nous relaxer ou méditer. Soyons à l'écoute de notre corps. Écoutons le silence.

À RETENIR

Consacrons-nous régulièrement du temps

Nous avons besoin de nous centrer pour pouvoir vivre dans le moment présent. Efforçons-nous de planifier un moment de la journée pour nous sentir reliés.

Les bienfaits du rire

Le rire est bon pour la santé, c'est reconnu. Saisissons les opportunités de rire pour notre bien-être personnel.

Prenons soin de nous

Nous devons veiller à nous faire plaisir régulièrement, d'une part pour garder le moral et d'autre part pour être attentifs à nous. Il est nécessaire de nous respecter.

Cultivons l'humour et la dérision

Ne nous prenons surtout pas trop au sérieux. Sommes-nous si importants que cela ?

Notre enfant intérieur

Écoutons la part enfantine qui réside en nous et livrons-nous de temps en temps à des activités ludiques.

Restons curieux

Veillons à aiguiser notre curiosité pour pouvoir apprendre et nous sentir plus riches.

Donner un sens à sa vie

Qu'est-ce que le sens de la vie?

« En apparence, la vie n'a aucun sens, et pourtant, il est impossible qu'il n'y en ait pas un! »

Albert Einstein

Témoignage

« Je suis infirmière depuis trente ans. J'ai toujours su que je deviendrais infirmière un jour. Je ne sais pas pourquoi. Pas chirurgien ni même docteur, non, infirmière. Je crois que j'avais dans la tête l'image de la femme douce, prévenante, proche des malades, celle que j'ai finalement tenté de devenir! Alors évidemment, le sens que j'ai donné à ma vie, c'est celui d'être au service de ceux qui souffrent et qui ne vont pas bien, car je trouve que c'est une des plus belles raisons de vivre qui puissent exister!

Alors j'en ai vu passer des malades, dans mes services et j'en vois encore. Avec les années, évidemment, on se blinde, on se désensibilise, on s'accroche à ce que l'on sait, aux fragments de nos vies qui ne sont pas encore partis à la dérive, même si cela est difficile quelquefois. Je suis divorcée, parce que mon mari ne supportait plus de ne jamais me voir, ou de devoir passer les week-ends seul, surtout quand je travaillais en tant qu'infirmière libérale. Heureusement, ma vocation m'a donné beaucoup de force pour traverser ces épreuves: je m'y suis plongée à corps perdu et ça m'a sauvée du naufrage que ça avait provoqué, paradoxalement. Je trouve toujours autant de sens à mon métier, même s'il devient de plus en plus difficile, en raison des conditions de travail de plus en plus pénibles. Le plus dur, en revanche, c'est quand il se passe quelque chose dont je n'arrive pas à trouver le sens. Dernièrement encore, j'ai eu dans mon service une petite fille de 10 ans, absolument adorable, qui s'appelait Lydia et qui était atteinte d'une leucémie très grave. Son cas était désespéré et la famille était anéantie. Elle était fille unique et la maman était devenue stérile après son accouchement. Elle est morte peu de temps après son arrivée et j'ai eu beaucoup de mal à m'en remettre, même si je ne l'ai montré ni à la famille ni à mes collègues. Les enfants et la mort, je crois que c'est la seule chose que je n'arrive pas à expliquer, à laquelle je n'arrive pas à donner du sens, même si j'essaie encore de le faire, en vain. Mais avec l'âge, je préfère quelquefois ne pas y réfléchir, parce que cela me rendrait terriblement malheureuse : que l'on meure d'un cancer parce qu'on est vieux ou parce que l'on a profité un peu trop de la vie, pas de soucis, mais mourir dans la fleur de l'âge, je ne le comprendrai jamais et cela me révoltera toujours... »

Fabienne, 51 ans

Un peu de théorie

Un besoin universel inscrit dans chacun de nous

Peu d'individus réfléchissent vraiment au sens de leur vie. Pour quelle raison ? Parce que c'est souvent un sujet qui entraîne des réflexions lourdes, voire indigestes, que l'on aborde finalement quand on n'a pas d'autres choix. En effet, le sujet « sens de la vie » est, dans l'esprit des gens, souvent lié à la maladie voire à la mort, c'est-à-dire à l'héritage que l'on va laisser derrière soi, même si c'est également une question qui peut émerger lors de bouleversements familiaux et personnels heureux, comme la naissance d'un enfant ou même un mariage. Cependant, même si on essaie d'éviter le sujet, ce dernier revient de façon constante à notre esprit, sous une forme déguisée. Le métier que l'on veut faire ou que l'on exerce déjà, les projets personnels dans lesquels on se lance, les personnes que l'on côtoie, les sacrifices que l'on consent... Tous ces éléments témoignent de façon détournée ou flagrante de la recherche vitale de ce sens, de façon presque inconsciente. Le sens que nous donnons à notre vie n'est donc pas une question stérile réservée aux débats d'une certaine élite intellectuelle, mais un besoin impérieux que nous tentons tous de combler, sans parfois en être conscients... Pour preuve, si l'on nous pose la question: *« Quel est le sens de votre vie ? »*, la majorité d'entre nous risquent de se gratter la tête un bon moment avant de répondre...

Une direction que l'on prend ou que l'on veut prendre

Appréhender et préparer le futur: voilà ce qui nous occupe quotidiennement, voilà ce qui monopolise la plupart de nos pensées, de nos conversations, de nos angoisses, ou de nos motivations. L'être humain est doué de la faculté de prévoir son futur, mais comment cela se passe-t-il? Sur quoi se base-t-il pour faire ses prévisions? Nous ne parlons évidemment pas de la question: *« Qu'est-ce qu'on va manger ce soir ? »* (quoiqu'elle puisse se révéler épineuse pour certains), mais plutôt de la question: *« Qu'est-ce que je vais faire de ma vie ? »*, ou *« Comment puis-je réussir à être heureux(se), moi-même ? »*... Le sens est donc ce qui nous guide dans nos actions: c'est la mission que l'on se fixe, qui s'appuie elle-même sur les valeurs que l'on a (et pas forcément celles que l'on affiche...). C'est le fait d'utiliser ses talents, ses qualités, ses compétences afin d'avoir la meilleure vie possible, une vie qui corresponde à ses aspirations et ses priorités. Le sens nous guide donc dans une certaine direction, en adéquation avec notre identité...

Mieux comprendre et accepter sa vie

Excepté les événements très graves, que l'on considère en général comme injustes, tel le cas exposé par Fabienne (la leucémie et la mort d'une enfant adorable), nous expliquons en général assez bien (ou nous cherchons à connaître) les raisons de ce qui nous arrive, même si les interprétations varient selon les individus. Ainsi, quand quelque chose nous affecte, nous cherchons à en savoir la cause, l'origine, les conséquences éventuelles et ce processus nous paraît normal et naturel. Le sens que nous donnons à notre vie est donc important dans la mesure où c'est précisément ce qui nous sert à comprendre ce qui nous arrive et surtout à l'accepter. Imaginez qu'il n'y ait dans votre vie que des événements vécus comme fortuits, sans raison ni conséquences, en un mot, sans aucun sens. Combien de temps penseriez-vous tenir dans de telles conditions ? Combien de temps penseriez-vous survivre avec la pensée constante que vous n'avez aucune prise sur vous-même et sur votre environnement ? Évidemment, on ne maîtrise que peu de choses dans nos vies et beaucoup de ces choses sont laissées ou faites au hasard. Mais le sens que l'on donne à ces choses assure la cohérence (même si cette cohérence est toute personnelle) et donc l'intégrité de chacun d'entre nous. Enlever le sens de la vie, c'est enlever la vie tout court…

À RETENIR

Un besoin inconscient qui devient rarement conscient

Trouver du sens à ce que nous faisons fait partie des besoins vitaux que nous devons satisfaire. Nos actions, nos pensées, nos projets ou encore nos relations font partie de ce processus, sans que nous en ayant conscience.

Construire un futur grâce au sens de nos actions

Si nous ne donnions aucun sens à notre vie, nous ne pourrions pas vraiment penser à notre futur, dans la mesure où penser au futur, c'est exprimer (ou tenter d'exprimer) le sens de notre vie. Donner du sens passe aussi par l'utilisation des ressources présentes pour mieux vivre le futur, en suivant certains principes que l'on appelle valeurs personnelles.

Mieux comprendre le monde qui nous entoure

Pour vivre dans de bonnes conditions, nous avons besoin d'une certaine cohérence, ainsi que d'une bonne compréhension de notre environnement et de notre entourage. Sans cela, comment pourrions-nous supporter les épreuves de la vie ?

Bien-être, plaisir, bonheur et sens de la vie

« Le plaisir peut s'appuyer sur l'illusion, mais le bonheur repose sur la réalité. »

Chamfort

Témoignage

« J'ai pendant très longtemps raisonné à court terme plutôt qu'à long terme. Je ne voulais rien prévoir, rien planifier, car je pensais que c'était le premier pas vers une prison dont je ne pourrais jamais sortir. Mon but dans la vie, c'était de vivre le plus d'expériences possible, en m'éclatant le plus possible, sans penser au lendemain. J'étais jeune, il faut dire, et je ne pensais qu'en termes de plaisir. Je n'ai pas fait d'études très longues parce que je pensais, par exemple, que cela m'empêcherait de m'éclater. Et puis, il faut dire que mes parents ne m'ont jamais vraiment poussé à travailler (ils ne croient pas aux diplômes et m'ont toujours dit que cela ne servait à rien, qu'il valait mieux connaître les bonnes personnes… En quoi ils n'ont pas forcément tort !)… Mais à force, j'ai vite déchanté. C'est vrai que travailler au Mc Do me laissait beaucoup de temps libre pour faire du skate, sortir, voir mes amis, aller à des concerts, mais bon, niveau carrière et avancement, on pouvait rêver mieux, je sais. Et puis, comment aller à des concerts si on gagne à peine le SMIC ?

J'ai passé cinq ou six ans comme ça, à faire la fête tous les soirs, à fumer de l'herbe et à draguer tout ce qui bougeait. Et puis, mon père est décédé, bêtement, en tombant dans les escaliers. Sur le coup, j'ai mal réagi. J'ai fumé encore plus, je suis sorti encore plus... Et j'ai rencontré Leila, un soir en boîte : une jolie fille de plus à mon actif. Sauf que non. Elle était très sympa et intelligente en plus. Elle m'a rapidement posé des questions sur ma famille, sur mes projets. Elle m'a parlé des siens : prendre une année sabbatique pour partir en mission humanitaire à Haïti et revenir pour terminer ses études. J'ai pris conscience de la vacuité de ma vie : pas de projets, pas de liens réels avec quiconque (à part avec les personnes avec qui je fumais ou faisais la fête), pas d'attaches, rien qui vaille le coup d'être sauvé. Et pourtant, je dois dire que c'est elle qui m'a sauvé... »

Anthony, 32 ans

Un peu de théorie

Le bonheur, qu'est-ce que c'est ?

Il est difficile de parler de sens de la vie sans parler de bonheur, car il est indéniable que les deux sont intimement liés. Nous pourrions résumer l'idée de donner du sens à sa vie ainsi : donner du sens, c'est donner une direction à sa vie qui soit en adéquation avec ses valeurs et son identité, et c'est également comprendre ce que l'on fait et ce qui nous arrive, pour en tirer les conclusions nécessaires pour s'améliorer. Il y a donc dans le concept de sens l'idée d'utiliser le passé pour construire un meilleur futur... Comment ne pas voir le lien entre cette dernière idée et le concept du bonheur ?

Le problème, c'est que le sens seul ne suffit pas pour parler de bonheur. En effet, le bonheur pourrait être défini comme la conjugaison de deux grands facteurs : une composante plutôt cognitive qui s'étendrait plutôt sur du long terme (le sens) et une composante émotionnelle et sensorielle qui se ressentirait plutôt à court terme (le plaisir ou le bien-être). Il faudrait donc essayer d'avoir les deux pour être véritablement heureux. La première composante, le sens que l'on donne à sa vie, est, en effet, très importante sur le long terme puisqu'elle catalyse à la fois nos valeurs, nos principes, et ce pour quoi nous nous engageons. Trouver du sens à ce que l'on fait provoque ainsi des pensées positives et de la motivation intrinsèque, donc solide (c'est-à-dire une motivation qui n'est pas suscitée par une récompense externe, mais qui trouve sa force en l'individu lui-même). Cela influence également notre façon de voir le monde (plutôt optimiste ou pessimiste par exemple). Évidemment, moins on trouve de sens à notre vie, plus le monde paraît dangereux, moins on a de chances de devenir optimiste, etc. L'autre composante majeure du bonheur est constituée des émotions et des sensations positives que l'on peut éprouver ou ressentir tous les jours et dont on retire essentiellement du plaisir. Le fait de partager un moment heureux et de rire, la bonne chère et la fête ou encore le plaisir sexuel sont tous des exemples d'émotions et de sensations propices au bonheur, qui provoquent du bien-être psychologique et physique. Cette composante est considérée comme passagère : n'oublions pas que le plaisir a pour fonction essentielle de motiver l'individu pour renouveler l'activité qui a provoqué le plaisir en question. En d'autres termes, nous aimons renouveler ce qui nous procure du plaisir, mais (ou parce que ?) ce plaisir est temporaire.

Un équilibre précaire

Le meilleur moyen d'être heureux serait donc d'avoir une vie qui puisse combiner des plaisirs et des émotions positives d'un côté (loisirs, jeux, sexe, rires, etc.) et des activités pleines de sens, conformes à nos valeurs et à notre identité de l'autre côté. Ce n'est pas toujours évident de conjuguer les deux de façon équilibrée. En effet, tout est en fonction de la personnalité de chacun, du moment, de l'environnement, etc. Par exemple, on peut très bien avoir une vie remplie de plaisirs mais qui paraît parfois, si on l'examine un peu, vide de sens, comme c'est le cas pour Anthony.

Faire la fête, se droguer avec des amis, boire à outrance, draguer des filles : tout peut être plaisir. Mais si l'on ne retire aucun sens de tout cela, on peut vite avoir l'impression de stagner, de ne rien faire de bien concret de sa vie. Car la recherche de plaisirs à tout prix souffre d'un bémol et de taille : l'adaptation hédonique. Celle-ci peut être décrite comme le fait de s'habituer à certains plaisirs et de devoir, par exemple, « augmenter la dose » pour éprouver les mêmes sensations qu'avant : plus d'argent, plus de drogue, plus de fêtes, plus de sexe… Le processus est sans fin (excepté la destruction de l'individu).

A contrario, on peut aussi vivre des moments remplis de sens, mais dans lesquels le plaisir est absent. Ces moments peuvent être, par exemple, les nuits sans sommeil que vivent les parents d'un nouveau-né : ils savent que s'occuper du bébé a du sens (peut-être le plus important !), mais ils n'en retirent (sur le moment) que de la fatigue et de l'énervement. On pourrait également citer les militants qui se battent pour les droits de l'homme et qui vivent au sein d'une dictature : ils doivent trouver bien du sens à leur vie mais y trouvent-ils aussi du plaisir ?

Le plus important, pour être heureux, est donc d'essayer de trouver un équilibre entre des activités ou des moments qui ont du sens et qui sont importants pour soi, et des activités faites juste pour le plaisir, qui relèvent plus du loisir et de la détente. À bon entendeur…

À RETENIR

Le bonheur : l'alliance du sens et du plaisir

Le sens fait indéniablement partie des éléments propices au bonheur, puisqu'il donne une signification et une direction à notre vie, qui, sans lui, partirait à la dérive au gré des envies et du vent. Mais ce n'est pas le seul facteur de bonheur, l'autre étant de vivre sa vie en variant les activités et les loisirs qui nous amènent du plaisir et du bien-être.

Un équilibre difficile à trouver

L'harmonie entre le sens que l'on donne à sa vie et le plaisir que l'on en retire n'est pas évidente, puisqu'elle est en fonction de son histoire personnelle, de sa personnalité, de l'environnement et de son entourage. Tant d'événements peuvent la rompre et faire pencher la balance d'un côté ou de l'autre…

Les projets de vie

« La capacité d'élaborer et de poursuivre des buts se manifeste dans l'expérience quotidienne [...], elle donne un sens à la vie. »

Ford et Nichols

Témoignage

« Mes parents ont toujours voulu le meilleur pour moi et ils se sont saignés aux quatre veines pour que je puisse faire des études et réussir ma vie. Contrairement à ma grande sœur, plutôt matheuse, j'ai toujours été douée en littérature. On partageait cela avec ma mère, qui est une personne très cultivée et qui lit énormément, bien qu' qu'elle soit seulement contremaître dans une usine de biscuits. Mais mes grands-parents maternels n'avaient jamais eu les moyens de lui payer des études et je crois que ma mère a toujours été frustrée de ne pas pouvoir faire de sa passion un vrai métier.
Toujours est-il qu'elle m'a ainsi poussée à envisager une carrière dans la filière littéraire : professeur de français, de philo ou autre. Je me suis donc appliquée, pendant des années, à suivre le modèle, ou du moins les aspirations maternelles. Mais c'est quand j'ai commencé à travailler dans un lycée à côté de chez moi que je me suis rendu compte de mon erreur : je n'étais vraiment pas faite pour faire ce métier ! J'en ai beaucoup souffert, parce que je voyais dans les yeux de ma mère une telle fierté que je ne voulais pas briser son rêve. D'un côté, je m'en voulais d'avoir suivi aveuglément les projets de ma mère, sans avoir l'esprit suffisamment critique pour faire mes propres choix et d'un autre côté, je lui en voulais aussi de ne pas avoir été suffisamment

lucide pour voir que c'étaient ses propres rêves qui devenaient des réalités à travers moi et que cela pouvait ne pas me correspondre... Bref, je me suis mise en disponibilité pour réfléchir à ce que je voulais vraiment faire, moi. Ça m'a pris longtemps, mais je me suis lancée. La petite ville où nous étions n'avait pas de bibliothèque ou de médiathèque et j'ai donc monté un projet en coopération avec la mairie pour pouvoir ouvrir une médiathèque de quartier. Je suis maintenant responsable de cette structure et j'avoue que je m'épanouis beaucoup plus dans cet environnement et avec cette fonction. Je suis contente d'avoir réfléchi par moi-même finalement et ma mère est ravie parce qu'elle a plein de lecture sous la main ! »

Adèle, 38 ans

Un peu de théorie

Le futur de chacun

Se projeter dans le futur est une des particularités de l'être humain. Nous avons tous besoin de nous projeter dans le futur, car le futur est une page blanche que chacun peut noircir à son gré et selon le sens qu'on peut ou qu'on veut donner à sa vie. Un projet de vie est important pour se construire, car il donne un sens à notre existence, de façon concrète. Nos projets nous poussent, en effet, à faire des choix importants, voire primordiaux : ils influenceront notablement nos choix quant au métier que l'on va faire, le lieu où l'on va vivre, les personnes que l'on va aimer... Nous voyons donc que les buts que l'on se fixe sont étroitement reliés à nos valeurs et à notre univers affectif et émotionnel.

Le projet de vie pourrait s'apparenter à la mission que chacun se donne à accomplir. Mais cette mission n'est pas toujours simple à définir, car elle peut être parasitée par beaucoup de facteurs internes ou externes : le passé et l'histoire personnelle, l'environnement socioculturel, l'image que l'on a de soi ou les relations que l'on a avec sa famille jouent ainsi un rôle prépondérant dans la détermination de son projet de vie.

Ne pas se tromper de but

Le bonheur d'une personne est donc très influencé par le ou les buts qu'elle se fixera. Il convient donc de réfléchir sur les buts dits « positifs », bons présages d'un bonheur personnel stable, et les buts « négatifs », qui risquent de compromettre durablement le bien-être de quelqu'un.

Il est important, premièrement, de ne pas confondre son propre projet personnel avec celui de quelqu'un d'autre, que cette personne soit un de ses parents, son conjoint ou une autre personne d'influence. Bien déterminer son but personnel est donc une condition de bonheur, car cela rend la vie plus claire et plus facile : c'est une façon d'affirmer sa personnalité et de répondre à ses besoins. Si nous prenons l'exemple d'Adèle, poursuivre le projet que sa mère a formé pour elle ne lui a pas donné la satisfaction attendue. Pourquoi ? Parce que ce but, être professeur de français, ne correspondait pas à sa personnalité et à ses valeurs. Évidemment, être reconnu par ses parents est une motivation profonde qui pousse bon nombre d'entre nous à faire telle ou telle chose, mais cette motivation est de nature plutôt extrinsèque (c'est-à-dire extérieure). Et il est préférable que le projet de vie que l'on a soit motivé de façon plutôt intrinsèque, pour que sa réussite soit vraiment une source de satisfaction durable.

Deuxièmement et au vu des études écrites sur le sujet, il est important de savoir formuler correctement son projet de vie. La façon dont on s'exprime sur ce que l'on veut faire et devenir est, en effet, symptomatique d'une vision de la vie positive ou négative, selon les cas. Il est donc préférable d'avoir des projets de vie formulés positivement (par exemple : *« Je voudrais que les gens m'acceptent pour ce que je suis »*) plutôt que négativement (par exemple : *« J'aimerais ne pas être rejeté à chaque fois que je me trouve dans un groupe que je ne connais pas »*). Dans le premier projet de vie, on peut ainsi voir un certain optimisme, qui présage des efforts dans un but de conquête et non d'évitement (faire en sorte que les gens m'aiment plutôt que faire en sorte que les gens ne me détestent pas…)

Enfin, la nature des projets de vie a également une influence importante sur notre niveau de bonheur. Des études ont ainsi montré que certains projets de vie étaient positivement corrélés au bonheur (c'est-à-dire que les personnes ayant ce style de projets de vie étaient statistiquement plus heureuses). Ces buts personnels qui prédisposeraient au bonheur auraient ainsi plusieurs caractéristiques. Ils seraient d'une part de nature spirituelle, voire religieuse : *« Trouver mon vrai moi »*, *« M'affirmer dans mes relations personnelles »*, *« Trouver le sens de ma vie »*, etc. Et il serait préférable, d'autre part, d'avoir des buts plutôt tournés vers les autres, que ce soit dans la sphère intime (*« Trouver une personne avec qui je me sente bien »*) ou dans la solidarité (*« Travailler bénévolement dans des associations pour faire en sorte que moins de personnes souffrent de la faim »*). A contrario, les objectifs ayant trait au pouvoir, à la compétition ou à l'argent révèlent un moindre niveau de bonheur. Peut-être parce que leur parfaite réussite peut toujours être remise en cause ? Et qu'il y aura toujours plus puissant, plus riche ou meilleur que soi…

À RETENIR

Le projet de vie aide à structurer sa vie

Il est important d'avoir un projet de vie cohérent avec ses valeurs et avec sa personnalité, car c'est ce projet qui va être déterminant dans les choix de vie de chaque individu. Plus ce projet sera en adéquation avec la nature intrinsèque de la personne en question, plus cette dernière a de bonnes chances d'être heureuse.

Bons et... moins bons projets

Plusieurs études mettent, en effet, en exergue une corrélation entre la nature des projets et le niveau de bonheur correspondant. Il s'avère qu'il est préférable d'avoir des projets plutôt tournés vers autrui, avec une forte dimension spirituelle, car c'est ce type de projets qui rendrait les gens plus heureux.

Savoir pardonner

« Le pardon est un choix que tu fais, un cadeau que tu donnes à quelqu'un même s'il ne le mérite pas. Cela ne coûte rien, mais tu te sens riche une fois que tu l'as donné. »

Lurlene McDaniel

Témoignage

« J'ai eu une enfance assez pourrie. Mon père a quitté ma mère alors que je devais avoir 4 ou 5 ans et elle s'est remariée quelques années plus tard avec Éric, un ami de son frère. Avec le recul, je pense que ma mère cherchait plus la sécurité financière que l'amour fou. Et comme Éric avait une bonne situation, elle a fini par céder à ses avances, presque par défaut. Enfin, moi, c'est comme ça que je le vois. Bref, nous nous sommes installées chez lui, ma mère et moi, et je me suis tout de suite accrochée avec les deux enfants d'Éric, Solenne et Loïc, qui étaient deux enfants trop gâtés. Ils m'ont pourri la vie pendant des mois. J'essayais au début d'en parler à ma mère, mais elle me demandait alors de ne pas lui parler de "mes gamineries" et en me disant que je devais plutôt être contente qu'Éric m'accueille comme sa fille. C'est à ce moment-là que nos rapports ont commencé à se tendre. Mais un jour, sans le faire exprès, j'ai frappé Solenne qui essayait avec Loïc de m'enfermer dans la cave et je lui ai cassé le nez. Évidemment, j'étais la coupable idéale : j'ai essayé de me défendre mais personne ne m'a écoutée et surtout pas ma mère, qui m'a superbement ignorée, laissant Éric s'occuper de tout. Je me suis donc retrouvée en internat à 200 km de chez moi, alors que mes demi-frère et sœur se

la coulaient douce à la maison. J'en ai terriblement voulu à ma mère pour ce que je considérais comme une trahison.
Je ne suis jamais revenue à la maison. Un BTS secrétariat en poche, je suis partie loin de la famille. Nos rapports sont tout de même meilleurs maintenant, mais je ne les vois que très peu. L'abcès n'est toujours pas crevé avec ma mère et ça bouffe nos relations : on n'arrive pas à communiquer. Le pire, c'est que je crois qu'elle ne se rend pas compte qu'elle m'a fait du mal. Quand je la vois, elle est comme d'habitude, complètement déconnectée, elle va chez le coiffeur et redécore la maison. Pour elle, c'est du passé, il faut oublier et ne pas remuer tout ça (c'est ce qu'elle m'a dit un jour où j'ai essayé de lui en parler). Mais elle ne comprend pas que c'est très important pour moi qu'elle reconnaisse ses torts et que sans cela, je ne pourrai jamais lui pardonner ou me réconcilier avec elle. »

Alicia, 28 ans

Un peu de théorie

Le pardon, un don de soi

À l'origine, on pense que le pardon a été instauré pour maintenir l'harmonie dans la société. Le but du pardon était alors de maintenir l'offenseur au sein de la société au lieu de le bannir, car il fallait garder un maximum de cohésion entre les humains pour pouvoir survivre. Loin d'être uniquement un principe religieux, le pardon est donc aussi un principe intimement lié à la vie en communauté, tout comme l'empathie, le respect des règles ou le besoin de reconnaissance.
Étymologiquement et psychologiquement, le pardon est un don de soi, un cadeau que l'on fait à quelqu'un. C'est le don que l'on fait de son droit au ressentiment à la personne qui nous a offensés. En effet, la personne qui

pardonne a souffert, d'où son ressentiment légitime, mais en pardonnant, elle dépasse ce ressentiment et offre en retour une réponse de compassion, voire d'amour, alors qu'elle n'a aucune obligation à le faire ! Le but du pardon est en quelque sorte de réhabiliter le coupable (pour que la victime n'en soit plus une), afin d'améliorer le présent et le futur, au lieu de chercher à punir à tout prix. C'est évidemment un geste très fort et qui dénote une grande maturité émotionnelle, mais ce n'est jamais un geste facile, comme on peut le voir avec le témoignage d'Alicia.

Les circonstances favorables au pardon

Évidemment, nous ne pardonnons pas tout à tous. Certains faits ou contextes vont favoriser ou, au contraire, détruire toutes les chances de pardon. D'après les études faites sur le sujet, il existe cinq circonstances favorables au pardon.

Premièrement, on pardonne plus facilement à quelqu'un avec qui on a une relation affective forte : la proximité relationnelle est importante, même si elle peut dans certains cas être un élément plutôt aggravant (Alicia a du mal à pardonner à sa mère parce que c'est justement sa mère ; elle estime qu'elle aurait dû mieux la défendre et l'écouter).

Deuxièmement, les conséquences de l'offense sont aussi cruciales. Plus les conséquences sont longues ou douloureuses, plus le pardon sera difficile. Dans certains cas d'incestes ou de maltraitances d'enfants par exemple, les victimes, marquées à vie, ont parfois besoin d'une véritable thérapie centrée sur le pardon de leur agresseur, pour pouvoir retrouver leur identité et le sens de leur vie…

Troisièmement, il est plus difficile de pardonner des actes intentionnels (avec volonté de nuire), même s'ils sont finalement assez rares. La majorité des offenses sont souvent dues à une maladresse, à un manque d'empathie ou à la poursuite d'objectifs personnels plus qu'à de la méchanceté réelle. Des excuses sincères avec l'assurance que cela ne se reproduira pas (quatrième et cinquième circonstances favorables) sont donc présentées dans la majorité des cas, ce qui ouvre plus facilement la voie au pardon. Ces excuses sont même parfois « obligatoires » dans la mesure où elles prouvent que l'individu reconnaît bien ses torts. Car dans le cas contraire (celui d'Alicia notamment), comment pardonner à quelqu'un qui ne se rend même pas compte qu'il a blessé autrui ?

Tout oublier ou tout pardonner

Ainsi, il est évident que le pardon est bien supérieur à l'oubli (ou au déni). D'ailleurs, ces deux notions sont même le contraire l'une de l'autre. Car comment pardonner quelque chose que l'on a oublié ? Et parallèlement, comment se forcer à oublier quelque chose qui nous a marqués et blessés ? Le témoignage d'Alicia est d'ailleurs significatif : quand elle essaye de parler de sa blessure à sa mère, cette dernière lui dit d'oublier le passé et de ne pas remuer tout ça. Un peu comme si elle lui disait : « Ce que tu as vécu n'a aucune importance, je nie tout ce qui s'est passé et tu devrais faire la même chose. » Le pardon, contrairement à l'oubli, permet de faire le deuil de son passé en l'intégrant et en l'acceptant dans sa totalité. Le pardon est en cela l'acceptation de soi comme de l'autre dans son intégralité. Et il faut bien dire que l'ordre d'oublier n'est souvent, malheureusement, que l'expression d'une sorte de lâcheté qui rassure ceux qui ont quelque chose à se reprocher…

À RETENIR

Le pardon, clef de l'harmonie entre les êtres humains

Si le pardon est tellement présent dans la plupart des religions, ce n'est pas pour rien ! En effet, le pardon est depuis la nuit des temps le meilleur moyen de ressouder les relations entre deux personnes qui ont eu un conflit. Le but du pardon est ainsi de privilégier la relation à la punition, et d'améliorer le futur sans oublier le passé. C'est en cela que le pardon se différencie de l'oubli pur et simple.

Les recettes pour se faire pardonner plus facilement

Certains actes sont plus facilement pardonnables que d'autres. Ainsi, quelqu'un qui a blessé un proche par maladresse (et non pas intentionnellement) et qui s'excuse en disant qu'il fera plus attention la prochaine fois a toutes les chances de se faire pardonner. Sauf si, évidemment, les conséquences de son acte sont permanentes ou du moins se font ressentir longuement et douloureusement (paralysie, etc.).

Petit exercice pour faire le point

« Il y a deux moments importants dans la vie :
le jour où nous venons au monde
et le jour où nous découvrons pourquoi. »

William Barclay

Témoignage

« J'ai ressenti le besoin de faire un point sur ma vie le jour où mon père est mort, il y a moins d'un an. Toute ma vie, j'ai voulu qu'il soit fier de moi, qu'il soit fier de son fils. Et je crois qu'il l'était d'ailleurs, même s'il n'a jamais osé me le dire. Dans la famille, nous sommes pudiques, surtout les hommes et les sentiments que l'on a pour les gens, on les prouve, on ne les déclame pas. Ma femme d'ailleurs s'en plaint régulièrement, parce qu'elle vient d'une famille beaucoup plus libre émotionnellement, où les gens se disent les choses franchement... donc elle aimerait bien que je lui dise : "Je t'aime" plus souvent... Mais bon, si je l'écoutais tout le temps, je ne m'en sortirais plus hein ! Mon père était quelqu'un d'exceptionnel à mes yeux. Je l'ai toujours admiré, depuis tout petit. Il était épicier et pompier volontaire : le jour, il parlait de la pluie et du beau temps aux petites mamies du coin qui l'adoraient (Je les entendais souvent dire : "Il est bel homme !"), et le soir il sauvait des vies. Il était courageux, drôle, bourru, fort, bon vivant et j'ai vraiment essayé de prendre modèle sur lui...
Le problème, c'est qu'à trop vouloir lui ressembler, je crois que je n'ai pas suffisamment exprimé ma propre personnalité. Ce n'est pas que je renie son influence, mais je me suis aperçu après sa mort que j'avais passé ma vie à essayer de lui ressembler et qu'une fois qu'il

avait passé l'arme à gauche, eh bien je n'avais plus personne à qui ressembler. Il fallait que je me débrouille seul maintenant : je n'avais plus vraiment de raison de faire tel geste ou dire telle parole, mis à part pour raviver le souvenir de mon père... Et à chaque fois que je le fais, j'avoue que cela me fait plus de mal que de bien.
Donc j'ai compris que c'était à moi maintenant d'être mon propre modèle. Et puis je ne sais pas : est-ce une bonne chose de vouloir être le modèle de son fils ? Je me pose cette question, parce que ma femme est enceinte de six mois et qu'après deux filles, eh bien cette fois-ci, c'est un petit gars qui attend de rentrer sur le terrain. Alors bon, je crois que je vais essayer de lui montrer ce qu'il faut faire et j'espère juste qu'il deviendra un bon petit garçon, comme son père et son grand-père... »

Vincent, 36 ans

Un peu de théorie

L'heure du bilan ?

Comme nous l'avons vu, les questions quant au sens de notre vie se posent souvent lors d'événements majeurs de notre existence : morts, naissances, divorces, etc. Comme Vincent, qui est dans une période particulière de sa vie, un peu entre deux rives, celle de la vie et celle de la mort, nous nous posons donc cette question essentielle : *« Qu'ai-je fait de ma vie passée ? Et que puis-je faire dans ma vie future ? »*
Pour y voir plus clair et vous aider à vous poser les bonnes questions, puisque c'est le but de ce livre, nous vous proposons ici, pour finir, une série d'interrogations auxquelles vous êtes invité à répondre. Évidemment, il n'y a pas de mauvaises et de bonnes réponses, car ceci n'est pas un test style magazine féminin dans lequel on vous dit si oui ou non vous avez trouvé

du sens à votre vie… (On voit déjà d'ici les résultats : *« Désolé ! Vous n'avez trouvé aucun sens à votre vie, vous êtes dans une impasse ! »*). Ces questions n'ont pour seul but que de vous aider à réfléchir, à faire une sorte de petit bilan de vie qui, nous l'espérons, vous semblera positif. Nous sous-estimons souvent les réalisations que nous avons accomplies dans notre vie. Et pourtant, nous avons tous quelque chose de spécial, d'unique. Nous avons tous quelque chose à donner, à réaliser, à recevoir. Nous avons tous, quelque part, la recette du bonheur. Il ne nous reste qu'à mélanger les ingrédients de la bonne façon…

Faire un bilan du quotidien

Primo, il est important de faire un bilan du quotidien. Pour cela, listez les différentes activités que vous enchaînez dans la journée et ce, sur une semaine complète. Une fois que vous avez bien noté toutes vos activités, notez pour chacune d'elles, sur une échelle de 1 à 5, le plaisir ou le sentiment de bien-être qu'elle vous apporte. Puis regardez globalement ce qu'il en découle : si vous avez une grande majorité d'activités notées à 1, il est temps de vous poser des questions ! Comment se fait-il que vous n'arriviez jamais à dégager du temps pour des activités qui vous font vraiment plaisir ? Ne pouvez-vous pas vous débrouiller pour faire en sorte de consacrer une heure de plus par semaine à vos enfants par exemple, ou à votre conjoint ? Ne pouvez-vous pas vous faire livrer les courses au lieu de vous traîner au supermarché le samedi après-midi ? N'est-il pas possible de prendre une vraie heure de pause le midi pour manger avec un ami, disons une fois par semaine, au lieu de manger tout le temps un sandwich en 15 minutes ?

Et un bilan sur le long terme

La deuxième partie du bilan concerne vos projets de vie. Écrivez sur une feuille les objectifs que vous vous fixez, à six mois, à deux ans, à dix ans… puis classez ces différents objectifs du plus au moins important. Pour certains, l'objectif le plus important, ce sera d'élever leurs enfants correctement, de les aider à grandir. Pour d'autres, ce sera de trouver le grand amour et de le garder si possible. Pour d'autres encore, de construire une carrière enrichissante et lucrative.

Puis revenez à votre première feuille, celle des activités quotidiennes. Les deux feuilles sont-elles cohérentes ? Combien de temps consacrez-vous chaque semaine à votre premier objectif ? Est-ce suffisant ? Cet exercice est utile car il fait souvent apparaître des petits (ou gros) problèmes de gestion du temps : nous ne consacrons parfois que très peu de temps à ce qui nous importe vraiment. Si vous voulez réussir votre vie de couple, évitez de ramener du travail pendant les vacances. Si vous voulez voir grandir vos enfants, passez un peu de temps à jouer aux jeux vidéo, au foot ou à la poupée avec eux, créez un rituel que vous respecterez et qui restera un souvenir indélébile pour vos enfants. Il est important de savoir reprendre du contrôle sur sa vie quand on voit qu'elle dérive un peu, même s'il est vrai qu'il est bien plus facile de le dire que de le faire. Car à force de se faire maîtriser par les événements au lieu de les maîtriser, on passe malheureusement à côté de sa vie… Et pourtant… n'est-il pas préférable de devenir acteur de sa vie plutôt que spectateur ?

À RETENIR

Des questions pertinentes pour un bilan personnel

Il faut savoir se poser les bonnes questions pour faire un petit point sur sa vie, son quotidien, ses envies, ses priorités. Nous vous proposons donc une réflexion en profondeur, sans bonnes ni mauvaises réponses.

Réfléchir sur ses activités quotidiennes

Ce bilan est fait pour observer et vous rendre compte plus précisément du temps consacré aux activités qui vous apportent un sentiment de bien-être (ou non…). Car il arrive que pris dans le tourbillon du quotidien, nous ne nous rendions même pas compte que nous avons besoin d'un peu d'air frais…

Réfléchir sur ses projets

Plutôt que de vous appesantir sur le passé, il est préférable de consacrer du temps au futur. Lister les objectifs importants de notre vie est toujours utile, surtout si l'on rapproche cette liste de celle, plus pragmatique, des activités quotidiennes : alors, consacrez-vous suffisamment de temps à ce qui vous tient vraiment à cœur ?

Les relations homme-femme

Les crises (quasi) inévitables du couple

« Certes, il peut y avoir des accidents dans le couple, mais ce n'est pas parce qu'on crève un jour qu'il faut changer la voiture. »

Jacques Dutronc

Témoignage

« La première grosse crise que nous avons eue, avec Michèle, ça a été notre premier enfant, Romuald. Comme la grossesse et l'accouchement ont vraiment été des épreuves, on a accusé le coup une fois que Romuald est né. Comme la plupart des couples, on a aussi vécu la forte baisse de libido (que ce soit pour Michèle ou pour moi, d'ailleurs) consécutive à la naissance de notre fils, crise qui a duré assez longtemps d'ailleurs. Au bout d'un moment, on a eu l'impression de ne vivre que pour lui et j'avoue, à certains instants, j'en voulais presque à ce petit bonhomme de rien du tout d'avoir tant bouleversé notre quotidien. Vous savez, avec la fatigue, la pression et le reste, ce n'est pas tout le temps facile de garder les idées claires. Heureusement, au bout d'un an et demi, mes parents sont venus s'installer à 20 km de chez nous et on a pu leur laisser le bébé régulièrement pour pouvoir passer un peu de temps ensemble, ma femme et moi. La complicité, l'envie sont revenues progressivement et on a pu accéder à une certaine sérénité…
La deuxième grosse crise est survenue quand j'ai perdu mon travail, il y a qunize ans, lors d'une "restructuration" de ma boîte. J'avais

quasiment toujours travaillé là et du jour au lendemain, je me suis senti inutile, privé de mes droits et même de mes devoirs. J'ai eu un gros épisode dépressif, d'autant que le soi-disant plan de reconversion qu'on me proposait était franchement minable. On a passé presque deux ans à vide : je vivais sur mes indemnités de licenciement et Michèle avait repris un emploi à mi-temps pour qu'on s'en sorte. J'ai mis longtemps à m'en remettre, mais heureusement, Michèle était là pour me soutenir, même si c'était loin d'être facile pour elle : entre mes crises de dépression, le soin des enfants et l'insécurité de notre situation, elle a dû prendre beaucoup sur elle. J'ai fini par retrouver un boulot à peu près équivalent à celui que j'avais avant et je suis reparti. Après, il y a eu l'adolescence des enfants (qui n'est pas vraiment facile !), la mort de mes parents et de sa mère, quelques ennuis financiers... Mais je crois qu'on a atteint un point où rien ne peut plus nous séparer... sauf la mort. Alors en l'attendant, on essaie de bien en profiter... On est d'ailleurs bientôt à la retraite, alors au lieu de se morfondre à la maison, on pensait vendre et acheter un petit pied-à-terre au Maroc... »

Guy, 59 ans

Un peu de théorie

Même les couples heureux ont des crises

Le témoignage de Guy illustre à merveille cette vérité : un couple heureux n'est pas exempt de disputes et de temps difficiles. C'est même le contraire, puisque seuls les couples vraiment solides peuvent traverser les crises importantes de leur vie, sans céder aux sirènes de la séparation et du divorce. Ne nous leurrons pas : certains couples auraient explosé en vol après un an et demi de frustration sexuelle ou de difficultés financières...

Évidemment, tous les couples ne vivent pas les mêmes moments difficiles : certains ne connaîtront jamais les orages dus à l'adultère, au licenciement, au départ des enfants ou à la retraite. En revanche, il existe certaines constantes et ce, pour la majorité des couples, dans les crises qu'ils peuvent traverser. Voyons lesquelles.

L'arrivée du premier enfant

Attention, tsunami à l'horizon ! L'arrivée du premier enfant est, en effet, un cap qui peut se révéler difficile à passer, car ce petit bout bouleverse énormément de choses : il devient la priorité n° 1, ne laissant que peu de place aux deux parents exténués. Épuisés physiquement et parfois psychologiquement, ces derniers peuvent devenir irritables et finir par s'engueuler entre eux pour ne pas crier sur le petit. Si l'on rajoute par-dessus le manque de sexe… La coupe finit parfois par déborder. D'ailleurs, il est à noter que la majorité des couples qui divorcent le font avant que leur premier enfant ait 3 ans…

Les difficultés professionnelles et financières

Vos chefs vous le répètent peut-être sans arrêt : il ne faut pas laisser la vie privée influencer le travail. En théorie, en effet, il est quand même plus sain de ne pas laisser les problèmes personnels parasiter le travail (en revanche, pour ces mêmes chefs, pas de problème pour ramener du boulot à la maison !)… Mais en pratique ? Est-il vraiment possible de cloisonner aussi parfaitement les deux domaines les plus importants de notre vie, surtout quand, avec la conjoncture actuelle, le travail prend une place si importante dans nos vies ? Évidemment, la réponse est non. Le travail fait partie de notre vie à part entière, il n'en constitue pas juste une tranche escamotable à tout moment. De fait, quand le travail nous convient, il donne du sens à notre vie, nous confère une certaine utilité, nous apporte de la satisfaction via l'utilisation de nos compétences et des émotions positives via des rapports humains agréables la plupart du temps. Alors quand ce travail ne nous convient plus ou disparaît, il est normal que les relations privées s'en ressentent ! Même si le meilleur moyen de s'en sortir c'est, alors, de faire confiance à l'autre...

La crise de la quarantaine

Sans forcément se soumettre au cliché du « démon de midi », il est vrai que la « *midlife crisis* », comme l'appellent les Américains, peut laisser des traces dans le couple. C'est souvent une remise en question de soi suite à un premier bilan (plutôt négatif donc...) qui peut faire exploser le quotidien. Entre le sentiment de ne pas avoir assez profité de sa jeunesse, le sentiment de travailler sans en retirer de sens, la routine au sein du couple et l'approche de la vieillesse, les raisons de faire une crise sont nombreuses...

Le départ des enfants et la retraite

Le départ des enfants peut, en effet, être très mal vécu par les parents, surtout de la part de la mère, qui s'identifie souvent tout entière à ce rôle maternel, et qui a donc du mal à s'en défaire sans quelques larmes... Même chose pour la mise à la retraite, souvent mal vécue par l'homme cette fois-ci, dépossédé de son pouvoir et de ses attributs. Cependant, cela a tendance à changer : l'allongement de la durée de vie et l'explosion des occupations de loisirs contribuent à créer de nouveaux retraités beaucoup plus occupés qu'avant (et qui s'ennuient donc moins). Mais cela contribue aussi à des divorces plus nombreux et plus tardifs : que faire, en effet, quand on s'aperçoit qu'on a vécu quarante ans avec un parfait inconnu et qu'on doit encore vivre vingt ans avec lui ?

À RETENIR

Tous les couples se disputent!

N'en déplaise aux romantiques incorrigibles, le couple qui ne se dispute jamais est une denrée plus que rare. Tous les couples se disputent, même les plus heureux: cela leur permet notamment d'apprendre « la bonne façon » de se disputer... Et puis, certaines choses ont tellement d'enjeux qu'elles dégagent forcément de la tension.

Les enfants et le travail sont à la source des grandes crises

Que ce soit leur naissance, leur adolescence ou leur départ de la maison, les enfants et les bouleversements qui y sont attachés sont les premières causes de dispute dans le couple. Le travail est un autre sujet de discorde, car il réunit à lui seul beaucoup de problématiques importantes: argent, pouvoir, sentiment d'utilité au sein de la société... Des problèmes professionnels engendrent presque automatiquement des tensions dans le couple (et l'inverse est vrai aussi...).

Deux façons différentes de gérer les crises

« En période de stress, les femmes parlent sans réfléchir. Les hommes, eux, agissent sans réfléchir. »

Allan Pease

Témoignage

« Mon mari et moi sommes mariés depuis plus de vingt-cinq ans. Alors, on se connaît bien et on sait comment l'autre fonctionne. Ça n'empêche pas parfois certaines tensions mais bon, on essaie de les régler comme on peut. Moi, par exemple, je suis quelqu'un d'assez expansif. J'ai besoin de parler, d'avoir des activités sociales, de voir mes amis régulièrement. Et avec mon mari, Carl, c'est pareil : j'ai besoin de lui parler de mes soucis, de mon quotidien, de mon travail… Lui, par contre, c'est différent. Quand il revient du travail, il aime avoir quelques heures pour lui : il lit son journal, il a besoin de calme, alors que moi je meurs d'envie de lui raconter mes péripéties au travail : les petits potins, les clashs avec les clients… On a deux façons différentes de se détendre après une journée de travail… lui en se mettant dans sa bulle et moi en parlant de tout et de rien… Au début de notre vie de couple, je vous avoue, je ne l'ai pas compris tout de suite. Quand je le voyais fermé comme ça, je pensais que j'avais fait quelque chose de mal ou alors qu'il me faisait la tête. Je lui disais donc : "Tu as un problème ? Tu veux en parler ?" Là, il me disait : "Non, tout va bien." Mais je voyais bien, moi, que ça n'allait pas, alors j'insistais… Et là, pour le coup, Carl m'envoyait un peu

sur les roses : il me disait que ça allait, mais que si je continuais à le harceler comme ça, ça n'irait plus du tout !
Avec le temps, j'ai compris qu'il avait besoin de se vider un peu la tête pour être disponible et que le forcer à parler quand il n'y était pas disposé, c'était le forcer à se fermer encore plus. Alors j'ai appris à faire avec. Quand il revient du travail, je le jauge maintenant du premier coup d'œil : je vois s'il est "mentalement disponible" ou pas. S'il ne l'est pas (s'il a passé une mauvaise journée par exemple), je le laisse tranquille et j'appelle plutôt ma fille ou une amie. Du coup, moi, ça me soulage aussi... Et pareil quand j'ai quelque chose d'important à lui dire. J'attends qu'il soit vraiment en état de m'écouter, parce que sinon, j'ai vraiment l'impression que ça rentre par une oreille et que ça sort par l'autre... Et pour le coup, ça m'énerve aussi ! On a fini par trouver un bon mode de fonctionnement et franchement, je pense que le fait de faire attention à ça, ça a dû réduire nos disputes par deux ! Il est content que je fasse attention et du coup, quand je lui parle, il fait vraiment l'effort de m'écouter... »

Suzanne, 52 ans

Un peu de théorie

Les mêmes besoins, exprimés différemment

Pour mieux comprendre le comportement de son prochain, surtout si celui-ci est de l'autre sexe, il est parfois utile de savoir certaines choses sur sa psychologie profonde, ses besoins, liés spécifiquement à son sexe. Non pas que les hommes et les femmes soient si différents que cela ! Nous avons tous plus ou moins les mêmes besoins au fond : notamment le besoin d'être en sécurité, d'être aimé, accepté… Sauf que nous n'exprimons pas ces besoins exactement de la même façon... ou que nous ne réagissons pas de la même façon quand ces besoins ne sont pas comblés. Souligner ces différences entre hommes et femmes, ce n'est pas faire l'apologie d'un sexe par rapport à un autre. C'est seulement se confronter à la réalité du quotidien. Quand Suzanne dit, par exemple, que Carl a besoin de temps après le travail pour être disponible pour elle, c'est son quotidien, et ne pas le prendre en compte serait certainement dévastateur pour son couple. Et même si elle ne comprend pas toujours pourquoi il a besoin de cette bulle protectrice, elle sait que prendre en considération ce besoin adoucira leurs rapports. Ce que Suzanne ne sait peut-être pas, en revanche, c'est que son expérience serait profitable à beaucoup de femmes, car beaucoup d'hommes fonctionnent comme son mari. Nous allons tenter d'expliquer pourquoi.

L'homme stressé

En fait, les hommes n'ont tout simplement pas la même réaction que les femmes face au stress. Face à un danger (que ce danger soit une bête sauvage, une femme insistante ou un patron un peu trop exigeant), ils développent ainsi une attitude plutôt défensive qui se traduit la plupart du temps par du silence (réaction de fuite) ou au contraire par de l'agressivité. Ainsi, s'ils ont passé une journée stressante, le silence et le calme sont leurs moyens à eux de faire baisser leur stress. Mais si, à ce moment-là, la femme vient les déranger, leur niveau de stress augmente de nouveau, ce qui renforce encore leur mutisme et éventuellement leur agressivité. De plus, les hommes mettent plus de temps que les femmes pour se calmer, car ils produisent moins d'ocytocine, une hormone apaisante et pacificatrice et plus de testostérone, l'hormone de l'agressivité, qui contribue notamment à l'augmentation du rythme cardiaque. Et enfin, les hommes, de par leur sens naturel de la compétition et de la hiérarchie (le syndrome du « mâle dominant » en quelque sorte), cherchent plus à régler leurs problèmes par eux-mêmes avant d'aller chercher de l'aide (surtout de leur femme !)... Et pour cela, ils préfèrent réfléchir dans le calme plutôt que partager leurs idées pour en discuter.

La femme stressée

A contrario, les femmes, quand elles sont angoissées ou inquiètes, ont tendance à verbaliser leurs émotions, pour solliciter l'empathie, l'écoute et le soutien de leurs proches. Cela vient certainement d'un héritage ancien, à une époque où les femmes devaient, pour survivre, développer de bonnes relations avec les autres, notamment avec leurs petits et les autres femmes, car elles étaient plus vulnérables que les hommes et ne pouvaient compter que sur une bonne cohésion de groupe pour survivre. Ainsi, en discutant, la femme trouve du réconfort : c'est l'échange qui va calmer son stress et le fait de parler de ses angoisses. Elle n'hésite d'ailleurs pas à demander l'avis des autres pour régler son problème, mais plus dans un souci d'échanger que de décider réellement ce qu'elle va faire... Ce qui énerve encore plus l'homme, qui, lui, aime donner des solutions aux personnes qui les sollicitent... puisqu'il se complaît plus dans l'action que dans le dialogue.

Ainsi, la femme va voir son mari parce qu'elle est stressée, mais si celui-ci n'est pas en condition pour l'écouter, cela le stresse à son tour, ce qui le force à se barricader dans sa citadelle intérieure pour fuir la source de stress, ce qui à son tour stresse encore plus sa conjointe, etc.

À RETENIR

L'homme et la femme différents face au stress

Chaque sexe réagit de façon spécifique face à une difficulté ou à une source de stress. Connaître ces réactions est un bon moyen de ne pas faire d'impair... pour éviter de stresser davantage une personne déjà angoissée.

Les hommes, champions du stress silencieux

Un homme, d'abord, ça règle ses problèmes tout seul et il ne lui viendrait pas à l'esprit d'importuner ses proches avec ses problèmes (sauf s'il pense que ces derniers peuvent éventuellement l'aider). C'est donc quelqu'un qui a besoin de calme pour réfléchir à ses soucis, les régler (dans sa tête) et ainsi se déstresser.

Les femmes, championnes de la communication déstressante

Alors que les femmes, elles, c'est parler avec quelqu'un qui les rassure ! Verbaliser leurs émotions et leurs angoisses est leur manière de se réconforter... Inutile donc de dire que les hommes et les femmes sont très différents sur ce point-là, ce qui ne manque pas de créer des tensions dans les couples qui ne savent pas attendre le bon moment pour parler...

Donner du temps à son couple

« L'amour demande beaucoup d'efforts, d'attention, de constance, il exige surtout de savoir offrir ce que l'on a de plus cher dans la vie : du temps ! »

Catherine Deneuve

Témoignage

« J'ai toujours été un bosseur. Je travaille dans la restauration et vous savez, la restauration, c'est vraiment le meilleur moyen de ne pas avoir de vie sociale ! Entre les horaires élastiques, les trajets maison-boulot et le reste, on n'a pas vraiment de vie, à part avec les collègues de boulot. Et puis, on a tendance à travailler quand les autres se détendent justement : le soir, les vacances, les fêtes… J'ai fait ça pendant des années, parce que je gagnais pas mal d'argent et parce que j'aimais mon métier, évidemment.

Et puis, j'ai rencontré Patricia, dans une fête (où j'ai pu aller pour une fois !). Elle était aussi dans la restauration et elle bossait tout autant que moi. Alors au début, on se voyait une ou deux fois par semaine. Et puis, au fur et à mesure que le temps a passé… On avait tous les deux 29 ans et on a vraiment eu envie de se poser, de fonder une famille, etc. Alors on s'est installés ensemble et on a fait un enfant.

Et là, tout s'est compliqué ! Quand le congé parental de Patricia a pris fin, on a été pris par le quotidien : entre le boulot, Octave qui grandissait, la crèche, puis l'école, les courses, le ménage, on a vu le moment où on n'allait plus s'en sortir et où notre couple aussi allait prendre un coup dans l'aile. On a donc pris la décision qui s'imposait : soit demander un changement d'horaires dans nos entreprises

respectives, soit changer de travail pour trouver des postes plus tranquilles. Moi, j'ai eu de la chance, je travaillais dans une grande entreprise, j'ai pu obtenir un poste du matin, qui correspondait à ce que je voulais. Pour Patricia, ça a été plus compliqué : il a fallu qu'elle cherche un nouveau travail et du coup, elle a dû réduire considérablement son salaire...
Mais on ne regrette rien. Du coup, on a beaucoup plus de temps pour nous deux et pour Octave (et on économise les sous de la nounou). Et puis, on peut se permettre de temps en temps (au moins deux ou trois fois par mois), de laisser le petit à notre voisine, pour passer une soirée tous les deux avec Patou, pour redevenir un couple aussi. C'est important l'intimité, je pense, parce que si on la perd, c'est le couple qu'on perd. Et c'est ce qui se serait passé si on n'avait pas décidé de changer de rythme... Alors oui, on gagne moins d'argent, mais on se dispute moins, on est moins crevés, la routine est moins lourde et on profite plus de la vie ! »

Simon, 41 ans

Un peu de théorie

Un quotidien de plus en plus chargé

Enfants, courses, travail, trajets en voiture ou en RER, cours du soir, cuisine, crèche, amis, parents, famille... La vie d'un couple moderne est tout sauf simple ! Surtout si les deux conjoints travaillent : il faut alors faire preuve d'un sens de l'organisation indéniable, ou avoir des grands-parents proches géographiquement, compatissants... et à la retraite !
Et dans ce tourbillon sans fin, où les sollicitations sont incessantes, difficile de trouver quelques heures pour soi... Alors quid du couple, quand on ne peut même pas consacrer une minute à son propre bien-être ? Le temps qui

passe et surtout le manque de temps sont, en effet, les causes principales des disputes et des tensions dans le couple.
Ainsi, de nombreux couples partent à la dérive parce qu'ils ne se voient plus. Et quand ils se voient, ils se contentent de répondre aux urgences ou de discuter des sujets suivants : factures, enfants, école, maison. La routine devient un rouleau compresseur du désir et du dialogue, et les confidences sur l'oreiller qui faisaient jadis nos délices deviennent des interludes silencieux entre l'éreintante course diurne et la tentative de récupération nocturne. Alors, comment faire pour se retrouver ?

Se fixer des jours « sacrés »

Nous sommes tous d'accord pour dire qu'il n'est pas si facile de refuser de faire des heures supplémentaires. Cependant, il faut relativiser et ne pas oublier certaines priorités : mieux vaut parfois se faire engueuler par son patron que par sa femme… Et puis, savoir dire non à certains moments est aussi une façon de se faire respecter (contrairement à la collègue qui dit toujours oui et qui est donc prise pour la bonne poire de service, dès qu'il y a un truc urgent qui tombe à 17h30…). Alors comment faire pour passer plus de temps avec son conjoint quand on a un emploi du temps de ministre ?
Le secret, c'est de considérer votre femme (ou votre mari) comme un rendez-vous professionnel extrêmement important. Convenez avec votre partenaire d'une soirée, par exemple le jeudi, réservée uniquement et exclusivement à passer du bon temps en couple. Et quelles que soient les circonstances, essayez de ne jamais reporter ce rendez-vous… Pensez à cette phrase : votre patron compte-t-il plus pour vous que votre mari ou votre femme ? Espérons que non et puis dites-vous que vous consacrez déjà suffisamment de temps à satisfaire le premier. Inscrivez donc ce nouveau rendez-vous hebdomadaire dans votre agenda (sous un nom de code éventuellement…) et tenez-vous-y. Et passez une soirée romantique,

au restaurant, à la plage, sur les quais, à la maison même pourquoi pas... Cette option marche, bien sûr, pour un déjeuner par semaine, un week-end par mois, une semaine par an, etc.

Redéfinir le quotidien

Faire le ménage, faire les courses ou encore aller au travail sont des tâches qui se révèlent en général ennuyeuses, à moins de vraiment aimer ça. Elles font partie du quotidien et c'est certainement pour cela, parce qu'on les fait tous les jours sans y réfléchir, qu'elles sont si barbantes. Et si, pour changer, on modifiait un peu ces corvées pour les rendre plus pimpantes et surtout, pour partager un moment privilégié ?

Par exemple, le ménage peut se faire à deux, alors que les petits sont au foot ou chez la voisine... Et rien n'empêche Madame ou Monsieur de se la jouer soubrette coquine ou majordome faussement guindé pour mettre du piquant au ménage... Nul doute, Madame, que Monsieur redemandera encore à faire le ménage avec vous si vous le faites en tenue légère (même si le ménage n'est fait qu'en partie ces jours-là...). De même, faire les courses n'équivaut pas toujours à pousser un caddie récalcitrant dans la mauvaise queue avec la caissière stagiaire. On peut aussi, le dimanche matin, aller faire le marché pour acheter quelques produits frais, avant de s'arrêter au café pour un jus d'oranges pressées et un croissant au soleil...

À RETENIR

Un quotidien surchargé

La vie moderne est une source immense de stress et peut vite devenir un obstacle entre deux conjoints. Entre toutes les tâches ménagères, le travail et les enfants, difficile en effet de trouver du temps à consacrer à l'autre. La relation peut ainsi se distendre progressivement, par manque de temps, mais parfois aussi d'efforts réels.

« J'ai un rendez-vous très important... »

Ainsi, si vous ne jurez que par votre organizer ou votre agenda, prévoyez, comme un rendez-vous professionnel, un rendez-vous hebdomadaire avec votre femme ou votre mari ! Préparez votre soirée avec soin, à tour de rôle par exemple et vous verrez, vous finirez par attendre avec impatience ce jour « sacré »...

Redécouvrir les tâches du quotidien

À deux, certaines tâches paraissent moins difficiles et sont même beaucoup plus plaisantes. Alors au lieu de faire vos corvées chacun de votre côté, profitez-en pour les faire à deux et pourquoi pas, pimentez-les un peu !

La mécanique de la dispute conjugale

« La dispute alimente la dispute et engloutit ceux qui s'y plongent. »

Sénèque

Témoignage

« Je suis sortie pendant deux ans avec Isabelle. Dès le début, on a eu une relation très orageuse, mais très intense. C'était un euphémisme de dire que nous étions différentes, Isabelle et moi, et finalement, avec le recul, je me dis que le seul point commun que l'on avait elle et moi, c'est qu'on était toutes les deux lesbiennes !

En fait, on se disputait assez souvent et ce, dès le début. J'aurais dû me douter que ça ne marcherait pas entre nous, vu la fréquence de nos disputes, mais on était aussi très attachées l'une à l'autre et on voulait que ça marche malgré tout. Je crois qu'on s'aimait parce qu'on sentait qu'on avait toutes les deux souffert, par rapport à notre enfance d'abord (on vient toutes les deux de familles d'accueil), puis par rapport à notre sexualité… Vous savez, une fille, c'est déjà compliqué, alors deux filles qui sortent ensemble, je vous laisse imaginer le niveau de complications et de prises de tête !

Ce dont je me souviens surtout, c'est qu'il fallait négocier pour tout : notre vie amoureuse était faite de compromis un peu bancals et de rapports de force bizarres. Il y avait d'assez longues périodes où ça se passait bien et puis, tout d'un coup, l'une de nous explosait, pour des broutilles parfois, comme si elle avait retenu tout ce qu'elle avait à dire pendant des semaines et que ça sortait enfin, mais mal, très mal ! Et paradoxalement, c'est cette tension permanente qui nous tenait ensemble et qui rendait notre amour passionnant.

Je me rappelle surtout de notre dernière dispute. On sortait d'un repas avec d'autres amis. Pendant toute la soirée, Isabelle avait passé son temps à me lancer des piques, à tel point que même mes amis nous regardaient bizarrement. Mais comme je ne voulais pas qu'on se dispute devant eux, j'avais décidé de faire comme si de rien n'était. Mais je comptais les points et je sentais que ma colère montait, montait ! Une fois sortie du resto, j'ai explosé littéralement. Je me suis emportée et j'ai dit des choses que je ne pensais même pas, mais la coupe était pleine et il fallait que je me soulage. Je ne me rappelle même plus la raison de cette dispute. Tout ce dont je me rappelle, c'est que je me suis dit que c'était elle, le problème, et qu'il fallait donc la sortir de ma vie pour régler mon problème... Ce que j'ai fini par faire... »

Mathilde, 33 ans

Un peu de théorie

Autopsie d'un conflit

La plupart des conflits naissent tous plus ou moins de la même façon. Une dispute est ainsi, très souvent, le résultat d'une mécanique bien huilée, faite d'incompréhension et de non-dit. Connaître cette mécanique, c'est savoir à quel moment renouer le dialogue, pour ne pas transformer certaines tensions finalement mineures en guerres nucléaires dévastatrices... La plupart des conflits traversent ainsi trois étapes, que l'on nomme désaccord, blocage et conflit ouvert.

Le désaccord

La première phase d'une dispute est la phase de désaccord. La plupart du temps, ce désaccord porte sur un sentiment d'injustice ou sur un manque de valorisation (*« Il ne me fait jamais de compliments, il n'a même pas vu que j'étais allée chez le coiffeur, etc. »*). Il peut aussi porter sur une décision qui aurait dû être prise à deux et qui est ainsi vécue comme arbitraire, ou tout simplement sur un manque d'écoute ressenti par l'un des partenaires. Bref, le désaccord est le fait, ou l'enchaînement de faits, qui provoque la frustration chez l'un ou les deux partenaires.

Le blocage

Chacun conçoit alors des émotions négatives : honte, tristesse, parfois culpabilité et souvent colère. Ces émotions sont normales et rendent compte d'un besoin important : besoin d'être écouté, compris, rassuré... Mais pour diverses raisons, la personne blessée ne communique pas ses besoins, ou mal. Au lieu de dire par exemple : *« J'ai besoin que l'on fasse plus de choses ensemble »*, elle dira plutôt : *« Tu ne fais jamais attention à moi »*, en ayant tendance à exagérer et généraliser les comportements de l'autre qu'elle considère comme négatifs. Évidemment, en entendant cela, l'autre se braque et dira alors : *« Mais ce n'est pas vrai, je fais attention à toi ! Tu exagères toujours ! Hier par exemple... etc. »*. Et là, l'autre dira : *« Oh, ne fais pas l'innocent, tu sais très bien ce que je veux dire ! »* Et l'escalade continue, chacun pensant que l'autre est décidément de mauvaise foi... Les émotions négatives peuvent ainsi peu à peu se transformer en sentiments négatifs plus durables et qui sont ainsi beaucoup plus difficiles à désamorcer...

Le conflit ouvert

Le conflit ouvert, c'est quand les personnes en question ne veulent plus communiquer, ajoutant de l'incompréhension aux non-dits (ou aux « maldits ») déjà nombreux. Cette rupture dans la communication empêche les sentiments négatifs d'émerger de façon constructive et contrôlée, ce qui, comme dans un cercle vicieux, les renforce encore, puisque toute tentative d'explication est vécue comme une agression.

À ce stade-là, en fait, chacun des protagonistes essaie de se protéger (c'est-à-dire de rendre la situation plus « vivable ») en développant des mécanismes de défense : pour l'un, ce sera la fuite, pour l'autre, l'agressivité, pour l'autre encore, la manipulation ou même la demande d'aide à une tierce personne... Ces mécanismes de défense enveniment la situation, sans parler des petits détails sur lesquels chacun se focalise (c'est à ce moment qu'on « ouvre les yeux » et que les manies de l'autre nous énervent).

Ce dont il faut se souvenir, c'est que les deux personnes ont, à ce moment-là, perdu toute objectivité. Pour preuve, la plupart du temps, elles ne savent même plus pourquoi elles se disputent ! Les émotions ont pris le pas sur les faits. D'ailleurs, si on les interroge, les personnes en question mettent surtout en avant le caractère invivable de l'autre. Il y a ainsi confusion entre un (ou plusieurs) comportement problématique donné et la personne : l'autre n'est même plus à la source du problème, l'autre DEVIENT carrément le problème.

C'est la multiplication de ce genre de conflits qui provoque la dérive du couple. Chacun campe sur ses positions (de toute bonne foi !) et en vient donc à essayer de provoquer l'autre pour le faire « sortir de ses gonds » (à l'aide de petites phrases assassines par exemple...), afin que ce soit ce dernier qui porte la responsabilité du conflit... Et au final, les deux personnes finissent par se convaincre qu'elles sont incompatibles...

À RETENIR

De la dispute à la rupture

Une rupture est rarement soudaine : elle apparaît souvent à la suite de disputes mal réglées, ou de frustrations mal digérées et mal exprimées. Ce sont ces non-dits et ces incompréhensions qui provoquent des conflits violents, qui peuvent évidemment aller jusqu'à la rupture.

Du désaccord au blocage

Ainsi, d'un désaccord léger qui aurait pu être réglé avec quelques petits arrangements et une bonne discussion, on arrive parfois à un blocage important. Pourquoi ? Parce que chacun pense qu'il a raison et que l'autre a donc tort, et aussi parce que nous avons tendance à exprimer nos besoins sous forme de jugements sans appel et accusateurs…

Du blocage au conflit

Le conflit devient alors ouvert, car on est passé du registre factuel au registre émotionnel. Ainsi, le problème, ce n'est plus ni le ménage pas fait, ni les horaires de bureau impossibles, ni les petites attentions qui manquent… le problème, à ce stade, c'est l'autre…

Savoir dire ses besoins sans blesser l'autre

« La CNV consiste à dire à votre vis-à-vis ce que vous aimeriez qu'il se passe pour rendre votre vie plus belle. »

Marshall Rosenberg

Témoignage

« J'ai assisté il y a quelques mois à un stage de développement personnel. J'avais besoin de m'aérer et puis, ce stage était éligible au DIF, alors je me suis dit : "Pourquoi pas ?" C'était sur le thème "Savoir s'affirmer en situation professionnelle". J'ai toujours été intéressée par ce genre de thèmes : mieux se connaître, savoir gérer ses émotions, combattre le trac. On apprend souvent des choses utiles et puis, les stages sont souvent faits dans la bonne humeur, même si parfois, certains barrages pètent et on se retrouve avec des personnes en larmes… Bon, et puis surtout, le stage m'intéressait parce que je suis assez timide et que j'aurais bien besoin de m'affirmer un peu plus.

Le stage était très intéressant, de fait, et j'ai appris beaucoup de choses, avec beaucoup de mises en situation concrètes. Ce que j'ai le mieux retenu, c'est que l'autre ne peut pas te connaître mieux que toi-même et que si tu veux quelque chose, tu ne peux pas attendre des autres qu'ils te le donnent spontanément, il vaut mieux le demander ! Ça a l'air bête comme ça, mais je me suis souvenu de plusieurs situations où je n'ai pas osé demander ce que je voulais, ou alors des situations où je n'osais pas refuser ce qu'on me proposait, alors que je n'en voulais pas. Après avoir accepté tout cela contre mon gré, je

me sentais mal en général et en plus, j'en voulais finalement à la personne qui m'avait fait ça. Même avec mon copain, cela m'est arrivé et je me suis aperçue, avec le recul, que cela provoquait toujours des disputes, mais à retardement. Par exemple, une fois, je n'avais pas voulu l'embêter et pour "avoir la paix", j'avais accepté de l'accompagner à la mer, alors que moi, je déteste ça. Pendant la semaine de "vacances", je me suis ennuyée comme jamais et après coup, je le lui ai fait payer en faisant la tête et on s'est disputés. Il m'a alors dit que j'aurais mieux fait de le dire, il aurait compris et serait parti tout seul avec ses amis. J'ai compris, mais trop tard, qu'il continuerait à m'aimer, même si je ne faisais pas exactement ce que je pensais qu'il voulait que je fasse... Bref.
Finalement, maintenant, quand j'ai quelque chose à lui dire qui me pèse sur le cœur, j'essaie de le dire avec la technique qu'on m'a enseignée, la CNV. Ça marche bien, en général, sauf quand je m'énerve, mais ce qui est sûr, c'est qu'on se dispute moins. J'ai l'impression de moins me faire marcher sur les pieds et ça me fait du bien ! »

Coralie, 36 ans

Un peu de théorie

Utiliser la communication non violente (CNV)

La communication non violente est un concept relativement récent, issu de la psychologie positive. C'est un moyen de communiquer, développé notamment par un psychologue et écrivain, Marshall Rosenberg, et repris avec succès par nombre de ses disciples et adeptes. La CNV, comme on l'appelle, est ainsi enseignée dans la plupart des stages de développement personnel, affirmation de soi, management et autres thérapies basées sur la communication. La CNV a des effets assez discutés, en partie parce qu'elle n'est pas toujours bien utilisée par les individus qui suivent les stages ou les thérapies. Mais il est toujours intéressant de connaître cette philosophie et elle mérite d'être développée ici, puisqu'on peut très bien l'appliquer dans le but d'améliorer la communication dans son couple. La CNV se base sur trois choses importantes : la gestion des émotions et des besoins qui en découlent, le non-jugement de l'autre et la responsabilisation de soi.

La gestion de ses émotions et de ses besoins

La CNV enseigne que les émotions que l'on ressent sont en fait l'expression de besoins profonds et que connaître ses besoins et savoir les exprimer d'une façon non agressive sont les bases d'une communication apaisée et « responsable ». En effet, comment reprocher à son conjoint de ne pas combler ses besoins, quand on ne sait pas soi-même mettre des mots dessus ? Ainsi, si vous êtes fatiguée, que vous rentrez à la maison et que le ménage ou le dîner n'est pas fait, vous aurez tendance à dire : *« Je passe mon temps à bosser et à ranger la maison et tout ce que je vois, c'est que tout le monde s'en fout ! »* Ici, il n'y a pas de besoins exprimés et l'émotion évidente est la colère, mais exprimée de façon agressive : cela risque de faire des étincelles. En utilisant la CNV, on peut essayer d'exprimer cette colère de façon moins violente et éviter ainsi, peut-être, la dispute qui se profile à l'horizon… Ainsi, la phrase suivante sera peut-être mieux perçue : *« J'ai passé une journée épouvantable, je suis fatiguée et je n'ai pas envie de ranger la maison. J'ai besoin que vous m'aidiez à le faire, parce que ça me met en colère de le faire toute seule et je n'ai pas envie de m'énerver… »* Ainsi, le besoin est exprimé, ainsi que le sentiment, mais de façon moins… anarchique.

Le non-jugement de l'autre

Quand on se dispute, on a toujours tendance à rejeter la faute sur l'autre, à le juger ou à interpréter ce qu'il fait de façon négative. On a également tendance à généraliser certains faits ou comportements, ou même à les exagérer.

Et c'est souvent ce genre de choses qui fait éclater la vraie dispute. Quand vous dites : *« Tu ne fais jamais ce que je te demande »* ou *« Tu ne m'écoutes jamais »*, c'est faux (ou si c'est vrai, alors là, partez !) ! C'est faux, dans la mesure où l'autre peut très bien le nier, parce que c'est un jugement général sur sa personne et parce qu'il peut très bien vous donner plein d'exemples où il a écouté. Mais évidemment, pris dans votre raisonnement, vous penserez qu'il est de mauvaise foi et qu'il se cherche des excuses. Alors que c'est vous-même qui lui avez fourni cette excuse, en disant à la base quelque chose d'injuste…

Le secret, c'est de toujours parler des faits en eux-mêmes et de ne jamais généraliser sur la personne en face. Une critique est toujours difficile à formuler comme à entendre, mais elle risque de virer à la guerre des tranchées si, en outre, elle est mal faite et qu'elle émet un jugement de valeur. Ne pas critiquer l'individu lui-même, ses valeurs, son intégrité est ici nécessaire pour « faire passer la pilule »…

Clarifier ses demandes

On a toujours tendance à penser, d'une façon un peu idéaliste, que l'autre est capable de devancer nos désirs, puisque l'amour est là. Ce qui n'est pas toujours vrai. Ainsi, il arrive que l'on s'énerve pour un besoin (ou un souhait) que l'on n'a pas exprimé, mais qui aurait dû être compris par l'autre et exaucé… On s'éviterait bien des déconvenues si notre communication était plus simple ou plus claire : quand vous voulez quelque chose, dites-le…

À RETENIR

La CNV : un moyen pour mieux communiquer

La communication non violente est un concept intéressant dans la mesure où elle prône la responsabilisation de chacun et le non-jugement dans la communication. Elle consacre également une large part à la gestion des émotions et à l'expression de ses besoins. Elle aide surtout à rendre les critiques moins acerbes, même si ce n'est pas toujours évident de l'utiliser en situation de crise, quand les émotions sont vraiment à fleur de peau.

Affirmer ce que l'on souhaite dans le respect de l'autre

La CNV enseigne, entre autres, qu'il est important d'exprimer ses besoins, car l'autre n'est pas forcément capable de les deviner. Cela évite beaucoup de malentendus, de frustrations et de disputes, car la communication est plus claire et moins dans les sous-entendus trompeurs…

L'instant présent

Toute cette énergie perdue à ressasser le passé !

« Ce qui m'apparaît maintenant avec la clarté de l'évidence, c'est que ni l'avenir ni le passé n'existent. [...] "Il y a trois temps : le présent du passé, le présent présent, le présent du futur." Car ces trois sortes de temps existent dans notre esprit et je ne les vois pas ailleurs. »

Saint Augustin

Témoignage

« Jamais je ne pourrai me pardonner cette erreur ! Cette erreur, je la ressasse sans arrêt, je rumine mon manque de jugement et je fulmine contre mon ex-collègue. Que je vous raconte : nous étions deux, pas trois ou quatre, seulement deux candidats favoris à se retrouver en première ligne, à la dernière étape du recrutement pour le poste de directeur général du marketing. Pendant des années, j'ai convoité ce poste en travaillant d'arrache-pied. La veille de l'entrevue, je revoyais encore tous mes arguments de vente et mes prévisions chiffrées. Mon Powerpoint était au point, fin prêt, mes arguments bétons. Le jour J arrive. Trente minutes avant ma présentation devant le parterre des administrateurs, je constate avec horreur que mon document a disparu du tiroir. Comme mon bureau n'était pas fermé, je soupçonne aussitôt mon rival de ce sale coup. Mais trop tard ! Ma piètre figure et ma médiocre performance, toute en bafouillements et en excuses, me font perdre la face et la place au profit de mon adversaire. Depuis cet acte déloyal, je repasse le film des événements, ressasse mon

manque de prudence, le coup de trahison et ravive la même plaie d'échec. "Comment a-t-il pu faire ça ?" tourne en boucle dans ma tête. "Si seulement... aujourd'hui, je serai sans doute le plus heureux des employés". Il n'y a pas un jour qui passe sans que mes regrets amers n'envahissent mon esprit et ne me pourrissent la vie. Je traîne comme un boulet cette erreur de jugement. »

Henry, 37 ans

Un peu de théorie

Ce passé qui ne passe pas toujours

Il arrive parfois que le passé pèse plus lourd que le présent et le futur réunis. On a beau dire que le passé, c'est le passé, parfois, on n'arrive pas à s'en échapper, il ne passe pas tout simplement, il ne meurt pas. Au contraire, il demeure présent, bien gravé dans notre mémoire et il resurgit au moindre incident. Comme le dit André Comte-Sponville, « *si ton souvenir lui-même était passé, tu ne t'en souviendrais plus : ce ne serait plus un souvenir mais un oubli. Le passé n'existe pour nous qu'au présent, ou dans le présent : il n'existe, c'est tout le paradoxe de la mémoire, que tant qu'il n'est pas passé.* » Mais revenons pourtant à cette notion de passé. Ce que nous appelons passé, c'est ce temps qui n'est plus. Mais sous l'effet de lourds regrets ou de profonds remords, nous avons la possibilité de maintenir les souvenirs présents, vivants, de faire perdurer le passé jusqu'à, parfois, occuper et envahir toutes nos pensées. C'est le cas, par exemple, quand on a perdu un être cher : le passé reste présent. Tous nos efforts pour oublier peuvent ne pas suffire à effacer ce passé, à se défaire des regrets et des remords. Conséquence : la personne vit dans l'impossibilité de saisir les moments de bonheur, de goûter aux plaisirs de l'instant présent ! Même dans un instant de joie profonde, l'esprit peut rappeler à sa mémoire les événements anciens. Le risque est alors que notre présent nous échappe parce que cet encombrant passé nous retient de vivre librement.

Vivre sans regrets et sans remords

Nous avons tous des regrets : une parole dite, mal dite ou non dite, un acte raté, une occasion manquée… Les regrets peuvent prendre différents visages et, même, s'accumuler : un amour déçu, un ami perdu de vue, des études interrompues, des investissements risqués, une relation extraconjugale, des enfants mal-aimés, etc. Certaines personnes regrettent même les décisions cruciales prises au cours de leur vie. D'autres se sentent rongées par un seul et profond regret qu'elles n'arrivent pas à oublier. Mais à trop revisiter les événements de notre passé, on perd de vue notre pouvoir dans l'instant présent. Ne pouvant rien changer à ce qui a existé précédemment, nous pouvons néanmoins essayer de transformer notre façon d'y réagir et d'y répondre ici et maintenant. Hamilton Beazley croit que nous peinons à nous libérer de notre passé car nous ignorons comment procéder pour modifier l'impact psychologique d'un événement sur nous. *« Quelle que soit la nature de votre regret, vous pouvez mettre à profit les leçons à en tirer et les présents qu'il vous offre. »* Selon le psychologue, il est possible de faire la paix avec soi et les autres en faisant amende honorable, afin de se libérer de la culpabilité, en développant de la compassion pour la façon dont on a agi à l'époque, en pardonnant aux personnes qui nous ont blessés, pour se libérer de leur emprise et redevenir maîtres de nos pensées. Le temps que nous passons à regretter le passé est perdu et nous oublions de vivre.

Mettre fin à la flagellation mentale

Si vous êtes plutôt du genre à regarder plus souvent ce qui se passe derrière dans votre rétroviseur que devant à travers votre pare-brise, cet exercice est fait pour vous. Accordez toute votre attention à la tâche que vous effectuez maintenant sans vous laisser distraire par vos pensées sur le passé. L'instant présent est unique et différent de tous les autres moments. Il vous appartient. Dès que vous commencez à vous perdre dans des centaines de conjectures « et si… », dès que vous êtes porté à vous blâmer ou à éprouver un sentiment de culpabilité, décidez de cesser cette flagellation mentale, dites « non » et reprenez le contrôle de vos pensées. Au besoin, sortez de chez vous pour vous aider à sortir de vous-même et prendre du recul. Respirez profondément. Vous pouvez aussi, si vous voulez, écrire vos pensées sur une feuille. En relisant vos notes, demandez-vous : « *De quelle autre façon puis-je considérer cette situation ?* ». Ou encore : « *Si je laissais tomber ces regrets, à quoi laisseraient-ils la place aujourd'hui ?* ». Dès que vos ruminations reprennent, dites : « *Ça suffit !* ». Éloignez de vous tout ce qui peut alimenter vos regrets et concentrez-vous sur ce qu'il est en votre pouvoir de réaliser au présent. Ouvrez la porte à des projets qui portent la marque de vos valeurs et correspondent à vos désirs ou objectifs actuels. Agissez au présent sans vous retourner sur votre vie passée. Une page est tournée. Une nouvelle page est peut-être en train de s'écrire…

À RETENIR

Lorsque le passé pèse plus lourd que le présent

La fixation sur un ou des événements passés peut diminuer toutes nos énergies. Ces pensées, parfois obsessionnelles, peuvent obscurcir l'esprit, nous tourmenter et colorer notre perception du présent qui devient moins satisfaisant. Prendre conscience de cette emprise du passé mort sur notre vie présente est une première étape pour s'en libérer !

Se libérer des regrets qui nous habitent

Vivre sans regrets, c'est possible ! Pour lâcher prise sur les émotions qui assaillent, il importe de faire la paix avec son passé, soi et les autres. Un facteur de changement consiste à apprendre et à tirer profit des leçons de ce passé, qui peuvent contribuer à notre évolution psychologique. « À tout malheur, quelque chose est bon » !

Reprendre le contrôle de ses pensées

Vivre au présent sans le poids des regrets commence parfois par cesser de se complaire ou de se morfondre dans ses remords. Quels que soient les regrets qui vous habitent, il faut cesser de laisser les fantômes du passé prendre le contrôle de vos pensées en mettant fin au ressassement mental et en accordant toute votre attention au présent.

Jouir de l'instant présent sans culpabilité

« Quand je danse, je danse ; quand je dors, je dors ; [...] *quand je me promène solitairement en un beau verger, si mes pensées se sont entretenues des occurrences étrangères quelque partie du temps, quelque autre partie je les ramène à la promenade, au verger, à la douceur de cette solitude et à moi. »*

Montaigne

Témoignage

« Mon père est chirurgien et ma mère médecin généraliste. Depuis mon enfance, j'ai vu mes parents travailler sans compter leurs efforts. Leur vie entière a été consacrée à remplir leurs obligations et à se sacrifier au travail. À mon tour, je me suis dirigé vers des études de médecine. J'ai vécu mes années de jeunesse penché sur ma table d'études. Je ne m'accordais aucune distraction et déclinais la plupart des sorties. Encore aujourd'hui, même si je suis marié et à l'aise financièrement, je sors peu pour le plaisir. J'ai les moyens d'aller au cinéma, au restaurant plusieurs fois par semaine et, même, de partir en vacances à l'étranger. Pourtant, je me sens mal si je n'occupe pas mon temps utilement. Dans ma famille, il était mal vu de ne rien faire. Ne pas être occupé soi-même par des affaires utiles ou intelligentes ou ne pas s'occuper des autres était considéré comme une perte de temps. La paresse était tenue en horreur. Peut-être en raison de cette éducation, je culpabilise de faire des activités par plaisir. Il y a trois mois, mon épouse m'a

offert un bon cadeau pour une journée de spa. Mais, chaque semaine, je trouve une bonne raison pour ne pas y aller. Et même si je me décidais à m'y rendre, j'ai l'impression que mon plaisir serait gâché par mon sentiment de culpabilité. Je me sens en devoir d'être au travail ou, si je prends une journée de congé, de faire tout ce qui peut être utile à la maison. Je ne sais pas m'octroyer des plaisirs juste pour le plaisir. »

Marc, 50 ans

Un peu de théorie

Sous la pression des obligations

Assumer ses responsabilités tout en profitant des plaisirs que la vie peut offrir : c'est l'équilibre qu'aimeraient atteindre la plupart des gens. Mais lorsque la pression des obligations est la plus forte, il arrive que nous nous laissions déborder au point d'oublier de penser à nous et à nos envies. Sans doute, nous mettre la pression peut nous propulser vers l'avant, nous procurer une bonne dose d'adrénaline et combler notre besoin de vivre intensément chaque heure ou chaque jour. Mais passé un certain seuil, toute cette pression accumulée peut nous déborder, nous mettre en panique et faire basculer notre organisme dans un état de stress. C'est alors le stress qui nous gère et non plus nous, qui gérons cette pression. Parfois, avec ou sans la pression des obligations, nous nous soumettons nous-mêmes à un stress épuisant. Ce mode de fonctionnement consiste à toujours agir par « devoir » en plaçant son sens des responsabilités au-dessus de tous ses autres besoins. Dans cet état d'esprit, la personne résiste à la tentation de jouir des plaisirs de la vie pour le motif qu'elle ne peut se soustraire aux obligations qu'elle s'impose à elle-même. Une conséquence de cette attitude psychologique est le sentiment de culpabilité qui accompagne la pensée toute puissante des devoirs et des obligations. Comment cette personne pourrait-elle s'abandonner au moment présent si rien ne peut attendre, si tout est perçu comme une obligation, si l'ensemble de sa vie répond à une nécessité ?

Se délivrer du « forcing » des devoirs

Le plaisir de vivre l'instant présent est celui que l'on prend à apprécier cet instant-là simplement pour le bien-être ou le plaisir qu'il procure même s'il ne se passe aucun événement extraordinaire. La capacité à profiter de l'instant présent exige donc de pouvoir (au moins de temps en temps) sortir du carcan des obligations comme les « tu dois », « il faut », « pas de temps à perdre », « le temps, c'est de… ». Être constamment dans ce type d'injonctions peut détruire toute votre énergie et nuire à votre santé. Les personnes ayant un sens aigu du devoir cèdent plus facilement aux pressions extérieures. Elles accroissent encore ces pressions sous l'effet de leurs propres exigences. Or, ce ne sont pas toujours les contraintes extérieures qui les forcent à agir ainsi mais, plus sûrement, leur propre conscience du devoir ou du sacrifice, ou leurs propres idéaux. Pour aider les personnes très stressées à se ménager des moments de repos mental, Mike George, spécialiste de la relaxation, leur propose d'imaginer qu'elles ont la possibilité, à tout instant, de se retirer dans leur loge, à l'image des acteurs qui savent se détendre et se ressourcer dans cet espace privé. *« Lorsque le stress devient insupportable, isolez-vous dans votre loge : après tout, c'est l'un de vos privilèges d'acteur. Dans cet espace mental, au calme, faites le vide dans votre esprit, ne pensez plus à rien. Une fois que vous aurez retrouvé votre calme, retournez sur le plateau et reprenez vos tâches. »*

Lâcher-prise sur les « il faut que »

Faites-vous partie de ces personnes pour qui une longue suite de devoirs et d'obligations conduit à reporter continuellement le moment de marquer une pause, de s'amuser et de prendre du temps pour soi ? Si vous vous reconnaissez dans cette existence de renoncements, il est temps pour vous d'apprendre à ouvrir aussi la porte au plaisir de vivre pleinement votre vie. Au lieu de vivre constamment confiné dans la conscience de devoir, commencez par prendre conscience de toutes les obligations que vous vous imposez de votre propre chef. Ainsi, commencez par être attentif à vos expressions comme « il faut que… », « je dois absolument… », « cela ne peut attendre ». Dès que ces expressions apparaissent dans votre vocabulaire, repérez-les aussitôt. Puis, décidez de les remplacer par d'autres expressions qui vous donnent le choix comme « je souhaite que… », « je désire… », « je choisis… ». À mesure que vous renoncerez à utiliser un vocabulaire contraignant, vous gagnerez peu à peu en sérénité. Faites ce même exercice lorsque vous vous adressez à d'autres personnes. Dites plutôt « je souhaiterais… », « nous pourrions… », « essayons de… ». Enfin, essayez de ressentir les effets de ce changement de vocabulaire sur votre perception des tâches et des contraintes. Puis, ouvrez progressivement la porte à la réalisation de gestes inutiles, d'actions gratuites pour le simple plaisir que cela vous procure. Le quotidien prendra une nouvelle saveur à laquelle vous pourriez prendre goût.

À RETENIR

Réfléchissez à votre sens aigu du devoir

Lorsque vous cédez aux pressions de votre juge intérieur par des « il faut » ou des « je dois », votre sens aigu du devoir renforce le poids des obligations et des contraintes. Or, votre conscience exagérée du devoir brime vos autres besoins fondamentaux, dont celui de vous octroyer le droit de goûter le bonheur simple des menus plaisirs.

Quittez votre corset d'obligations

Vivre constamment dans le devoir revient un peu à vivre avec un corset. Enfermé dans le carcan des règles à suivre ou des gestes à poser à tout prix, on s'expose à se couper des bienfaits que procurent les plaisirs, dont l'un est de chasser stress et fatigue. Retirez-vous de temps en temps dans votre loge pour en ressortir serein et avide de nouvelles joies.

Changez de vocabulaire et d'état d'esprit

Choisir d'assumer positivement ses responsabilités, plutôt que de s'y soumettre sous le poids de votre conscience stricte, commence parfois par un changement de vocabulaire. Décidez de remplacer toutes vos injonctions mentales par des tournures de phrases plus souples, laissant place à plus de liberté personnelle comme « je choisis… » ou « je souhaite… ».

Viser le plaisir plutôt que la perfection !

« Lorsque nous voulons être parfaits, nous sommes toujours en dessous de ce que nous voudrions atteindre. Ne jamais toucher ce but nous fait vivre dans la frustration et l'insatisfaction permanente, ce qui est néfaste pour l'estime de soi et détruit la sensation de bien-être intérieur. »

Évelyne Bissone Jeufroy

Témoignage

« C'est vrai, ma famille me dit que je suis une perpétuelle insatisfaite, qu'il me faut toujours être irréprochable en toutes choses. Je suis un brin perfectionniste quoi ! Pour moi, ce n'est qu'un petit défaut, mais ma tendance à m'attacher aux petits détails en énerve plus d'un. Tant que je n'ai pas réalisé un travail parfait, je ne le considère pas fini. À la moindre imperfection, je suis capable de tout recommencer. Je me sens nerveuse si quelque chose ne répond pas à mes attentes. Comme je veux toujours obtenir le maximum, je ne suis jamais contente de ce que j'ai. Et comme je passe mon temps à vouloir être à la hauteur, vous pouvez imaginer qu'il ne me reste plus beaucoup de temps pour m'amuser et rire. C'est plus fort que moi. Je ne supporte pas de me laisser aller et je crois fermement que rien ne peut bien aboutir si "on se repose sur ses lauriers". Même si mes résultats aux examens sont très satisfaisants, mon professeur relève toujours les faiblesses de mon travail. Il pense que je peux mieux faire et que je dois m'efforcer de progresser vers l'excellence. Ma famille n'est pas de cet avis. Elle craint que je

ne me jette tête baissée dans des défis trop élevés ou que l'on exploite mon perfectionnisme à mes dépens. Ont-ils raison ? Devrais-je revoir mes exigences à la baisse ? Suis-je trop dure avec moi ? Est-ce que cela peut m'empêcher de vivre normalement, d'apprécier ce que j'ai ? Car je suis consciente que ma vie est déjà belle comme elle est. »

Léa, 22 ans

Un peu de théorie

La difficulté d'être imparfait

Les personnalités perfectionnistes donnent souvent l'impression d'être des personnes exemplaires, au comportement irréprochable, dotées de critères très élevés de perfection. Que leur vie soit déjà belle ou leur travail très satisfaisant, cela leur suffit rarement. Il faudrait aussi que leur carrière, leur apparence, leurs enfants, leur maison, leurs vacances, etc., soient plus que parfaits pour être parfaitement heureux. Le hic, c'est que la perfection n'existe pas ici-bas. Les perfectionnistes ont donc toutes les chances d'être insatisfaits et insatiables. La moindre erreur peut faire basculer leur bonne humeur. Le plus petit accroc dans l'organisation des affaires quotidiennes peut leur faire oublier les plus beaux moments de leur journée. C'est ainsi qu'ils mettent tant d'application à ce que tout soit parfait, qu'ils se privent du simple plaisir de profiter de ce qui est. Pensons à toute cette attention scrupuleuse qu'ils portent à recevoir leurs convives selon les règles de l'art, à leur obsession professionnelle de tout exécuter dans les moindres détails. Contrairement aux apparences, les perfectionnistes doutent de leur valeur et de leurs compétences. Ils pensent devoir en faire plus pour mériter amour et reconnaissance. Et bien souvent, ils ne s'épargnent aucun effort pour correspondre à leur image d'eux-mêmes, qu'ils veulent parfaite mais qui, au fond, est si fragile.

Sortir de l'obsession du toujours plus

Prisonniers d'une image idéale de réussite ou d'excellence, il est courant que les perfectionnistes se lancent à corps perdu vers des objectifs très ambitieux, à la hauteur de leurs exigences très élevées. Évidemment, plusieurs de ces objectifs s'avèrent difficilement atteignables, voire inaccessibles. Pourtant, ils s'y attellent afin de s'en approcher le plus possible, mettant tous leurs efforts et leur énergie au service de ce but supérieur. Et pour ceux qui parviennent à réaliser leur idéal, leur course à peine finie, ils peuvent se lancer à nouveau dans la poursuite d'un nouvel objectif. C'est donc bien la preuve que leur quête est vaine et inutile puisqu'un but en remplace un autre. Souvent, les histoires de success stories nourrissent leur imaginaire. Mais comment, dans ces conditions, pourraient-ils profiter de ce qui est là, présent sous leurs yeux, à portée de main, à simple hauteur humaine ? Si vous vous reconnaissez dans ce portrait, demandez-vous si toute l'énergie dépensée à courir après plus d'argent, de beauté, de prestige, si tout le temps occupé à essayer d'y parvenir vaut le prix de l'effort investi ? Vos projets de vie sont-ils construits sur des sentiments d'insatisfaction ? Imaginez que vous réalisiez toutes vos attentes à la perfection, cette vie idyllique vous rendrait-elle plus heureux ? Avez-vous parfois l'impression que votre qualité de vie pâtit de votre quête de perfection ? Quels enseignements tirez-vous de ces réflexions faites sur vous-même ?

Expérimenter la satisfaction et le plaisir

Quand on escalade une montagne, n'est-il pas agréable d'apprécier l'ensemble de la marche, les paysages, l'effort fourni, le plaisir de se sentir solide et plein de vitalité ? Pourquoi réserver la satisfaction à la seule atteinte du sommet ? Prenez le temps de savourer chaque moment passé à gravir pas à pas cette montagne. Le plaisir n'en sera que plus grand. De même, la vie n'est pas une prestation de services ! C'est ainsi qu'exceller dans une tâche ne signifie pas toujours trouver cette tâche épanouissante. Pour s'épanouir dans une tâche, il est parfois préférable de réajuster ses exigences et, surtout, d'accorder une place au plaisir au cours de sa réalisation. Bien des personnes découvrent qu'après maints et maints sacrifices pour être parfaites ou pour offrir un travail excellent, elles ne reçoivent en retour aucune marque de gratitude ou de reconnaissance. Pour ressentir de la satisfaction, ces personnes doivent comprendre qu'il leur faut être plus attentif à leur propre besoin (de perfection) et laisser les autres satisfaire leurs propres priorités. Elles pourront d'autant plus ressentir la fierté d'un travail bien fait que cette exigence relève de leurs valeurs intimes plutôt que de l'attention portée au regard d'autrui sur leur valeur personnelle. Quel que soit votre projet, essayez dès à présent, de tirer de la satisfaction de ce que vous êtes en train de faire. Vous ressentirez tout le plaisir de la marche qui mène (ou non) à certains objectifs.

À RETENIR

Reconnaître ses limites humaines

Obnubilées par le souci (perfectionniste) d'excellence, certaines personnes se privent du plaisir de jouir de la vie, voire l'ignorent. Perpétuellement en quête d'un mieux-être, elles ne savent plus être, tout simplement, elles-mêmes, et profiter de l'instant présent. Il n'y a pas de mal à vouloir être parfait sauf que… la perfection n'existe pas !

Arrêter de courir après un idéal

À force de courir après un nouvel objectif, qui nous rendrait la vie encore plus parfaite (que l'on croit), nous oublions de prendre le temps de savourer ce que l'on a. Pourtant, il peut valoir le coup de s'arrêter de courir, de prendre le temps d'examiner sa vie dans tout ce qu'elle nous apporte et de se dire : « J'ai bien de la chance ! »

Savourer le plaisir et la satisfaction d'accomplir

Sur le chemin de la vie, des obstacles peuvent se dresser devant notre désir de perfection. Des détours peuvent éprouver et ralentir notre course vers l'excellence. Au lieu de se plaindre de telles imperfections, nous avons la possibilité d'apprécier la marche qui mène vers nos objectifs. But de la balade : savourer l'essentiel du plaisir de vivre.

Habiter son corps, s'ancrer dans le présent

« Notre corps est à la fois récepteur et amplificateur de toutes nos sensations, [...] de nos plaisirs. Les plus simples – respirer l'air frais du matin ou l'odeur du pain qui cuit – comme les plus complexes – la sexualité. Meilleur est notre état, plus intense et plus profond est notre plaisir. »

Jean-Louis Servan-Schreiber

Témoignage

« L'autre jour, forcée au repos à cause d'un pied foulé, je suis allée prendre mon petit déjeuner dans le jardin, sous l'arbre en fleurs. Le soleil venait de se lever. Sur la chaise de jardin, une tasse de thé chaud dans les mains, je me suis mise à respirer les senteurs autour de moi : le parfum de mon thé au jasmin, une odeur de sapin et une douce senteur de lavande qui embaumaient l'air matinal. L'herbe était couverte de rosée et sentait bon la nature fraîche. J'ai fermé les yeux pour mieux m'imprégner de ces premiers instants de la journée. C'est alors que j'ai entendu le roucoulement d'une tourterelle, le chant aigu d'un rossignol et plusieurs petits bruits, comme si la nature se réveillait de sa nuit de sommeil. Quel bonheur de se retrouver au milieu de cette nature, parmi fleurs, verdure et oiseaux. Qu'il est bon de s'autoriser à arrêter le temps, à assister en direct à ce réveil de la terre, de la vie. Je me souviens encore de cette sensation de bien-être qui m'a envahie du seul fait de m'ouvrir à tout ce que ce bout de jardin avait à offrir de beauté. Je m'imbibais de sa plénitude. Je me délec-

tais de l'instant présent. La tête renversée, je profitais de la chaleur d'un rayon de soleil sur mon visage. J'avais l'impression d'être un élément du décor, la petite parcelle d'un tableau baigné de lumière. Depuis ce matin-là, je renouvelle chaque jour le délice de vivre l'atmosphère de cette scène matinale, en allant m'installer sous l'arbre au milieu du jardin. »

Marie, 39 ans

Un peu de théorie

Être en contact avec son corps

Il peut sembler facile de vivre l'instant présent. Et, pourtant, combien de fois nous arrive-t-il d'être physiquement là alors que notre esprit s'échappe ailleurs ? C'est ce qui se produit la plupart de temps : nous sommes trop éparpillés, trop surchargés, pour prendre conscience du moment présent. C'est pourquoi reprendre contact avec son corps et de se réapproprier ses sensations physiques est une des manières possibles de s'ancrer dans l'instant présent. Être au plus près de ses ressentis sensoriels, voilà une façon agréable de retrouver les jouissances de la vie quotidienne ! Dans un état de réceptivité, où notre corps est tenu en éveil par les stimulations externes, nous nous sentons plus enracinés dans l'instant présent. De nombreux spécialistes de la relaxation pensent qu'à chaque niveau de perception sensorielle correspond un niveau de conscience supérieur. À ce premier niveau, il s'agit de renforcer notre attention à notre schéma corporel, à notre posture, à notre centre de gravité, et notre ancrage au sol. En position debout ou assise, le but est de s'installer dans son corps, de l'habiter pleinement, d'être conscient de cette organicité. On dit que le corps est « ce temple de l'esprit » parce que c'est par lui que nous entrons en relation avec ce qui nous entoure et que nous exprimons notre façon d'être au monde, notre façon de vivre et de jouir de la vie. C'est lui qui est le socle et le réceptacle de nos ressentis et qui nous dévoile notre état intérieur.

Relier corps et âme

Trop souvent, malheureusement, on a tendance à se couper de ses sensations physiques jusqu'à, parfois, vouloir anesthésier son corps de tous ressentis. On préfère nier ce qui se passe en lui. Des spécialistes de la santé observent que bien des maladies ont pour origine la perte de contact avec le corps et le manque d'observation et d'écoute. C'est ainsi que l'esprit peut ignorer un trouble physique jusqu'à ce que le corps crie sa douleur. Les maux deviennent alors plus forts que les mots. Le corps prend, momentanément, le dessus sur le mental. Coupé des sensations corporelles, on se prive de la capacité non seulement à prendre soin de son corps mais aussi à écouter ses messages à l'esprit. Car le langage du corps est un formidable révélateur de nos états d'âme. Selon le psychothérapeute et philosophe Eugene T. Gendlin, le corps posséderait un savoir propre qui dépasserait le savoir conceptuel. Au lieu de « se prendre la tête » à analyser, réfléchir et comprendre ce qui nous arrive, il suggère de se « focuser » (se concentrer) sur ce qui se passe en nous, de consulter son ressenti, d'explorer ses sensations. Par exemple, si je ressens « un nœud dans l'estomac » alors que je suis invité au restaurant, il est probable que le cœur n'y soit pas. Mon corps m'incite à décliner cette invitation. Sa théorie du « focusing », développée dans les années 1970, s'inscrit dans la continuité de l'« approche centrée sur la personne et expérientielle » du psychologue Carl Rogers.

Une piste : les postures du yoga

Les exercices de détente corporelle permettent au corps de relâcher les tensions physiques tout en prenant conscience de son schéma corporel. Plusieurs exercices de détente, comme le yoga ou le hatha-yoga, consistent à adopter une posture assise sur une chaise, les pieds bien à plat sur le sol, ou dans une position assise jambes croisées (position du lotus) ou à genoux les talons sous les fesses (position du diamant), les paumes des mains sur les cuisses. Toutes ces postures favorisent le sentiment de stabilité et d'ancrage dans le sol. Tout l'exercice consiste ensuite à habiter progressivement son corps en prenant conscience qu'il est relié à la terre. Vous pouvez ensuite commencer à essayer de sentir tout le poids de votre corps qui s'appuie, s'enfonce sur la chaise, ou tous les points de contact avec le sol. Accordez votre attention à votre colonne vertébrale qui doit être droite sans être rigide. La nuque et les vertèbres cérébrales forment une seule ligne étirée vers le haut partant du sommet de la tête. Vous pouvez ensuite porter votre attention sur chaque membre de votre corps dans une agréable sensation de lourdeur, de chaleur et de relâchement. Un à un, vous les décontractez, en descendant toujours plus profondément en vous-même. Cette position confortable de détente corporelle vous amène à vous centrer sur l'état de calme, de sérénité, de bien-être dans lequel vous êtes à présent. Profitez pleinement du sentiment d'être là, à l'écoute de votre corps.

À RETENIR

Se réapproprier ses sensations

Lorsque vous habitez votre corps, vous êtes ancré dans le présent. Aussi, il suffit parfois de reprendre contact avec ses ressentis corporels pour reprendre contact avec la réalité telle qu'elle se présente dans l'immédiat. Plus vous renforcerez votre attention sur votre corps et plus vous entraînez votre esprit à accueillir vos sensations.

Rétablir une harmonie entre le corps et l'esprit

Un obstacle à notre aptitude à vivre l'instant présent vient parfois de ce que nous nous coupons de nous-mêmes. Or, être en bonne santé commence par écouter les signaux que notre corps nous envoie. Il existe une sagesse du corps qui transmet des messages de bien-être ou de mal-être, comme « en avoir plein le dos », « avoir les nerfs à vif », etc.

S'asseoir et accueillir

À tout moment de la journée, vous pouvez vous recentrer sur l'ici et maintenant en prenant une posture assise et en prenant conscience de votre ancrage dans le sol. Par ce simple exercice qui consiste à percevoir les différents points de contact de votre corps avec le sol, vous ramènerez votre conscience au moment présent. Simple et efficace.

Se relaxer pour se recentrer ici et maintenant

« Respirer, c'est libérer l'émotionnel. Le souffle de vie, c'est la recherche de la paix intérieure. Le calme, la détente s'accompagnent d'une respiration paisible. Notre rythme respiratoire ralentit lorsque nous sommes absorbés par une tâche qui demande réflexion. »

Michèle Freud

Témoignage

« Au lendemain d'un important colloque qui avait exigé des semaines de préparation, j'avais décidé de m'accorder une journée de complète détente. Un répit bien mérité et une petite parenthèse égoïste dans ma vie. Pour profiter pleinement de cette journée, je me suis échappé de ma ville. Ce moment privilégié, je voulais le vivre rien que pour moi avec l'intention de recharger mes batteries. Seul avec moi-même, j'étais libéré de tous soucis. Au programme de cette journée : sortie à la campagne pour prendre des photos de la nature, déjeuner dans une auberge rustique, randonnée dans les bois jusqu'à un point de vue imprenable sur la région environnante et pour finir, séance de massage dans un spa en bordure de mer. Arrivé au bout de ma randonnée, adossé au pied d'un gros chêne, je suis resté ainsi peut-être une heure à contempler le paysage et à me sentir libéré de toute tension, le corps en sueur mais parfaitement reposé, l'esprit débarrassé des tracas quotidiens. J'ai redescendu le chemin en marchant tranquillement et en

me laissant gagner par la sérénité des lieux. Après le massage, le contact des mains sur mon corps avait fini de me détendre complètement. C'était une détente corporelle, un bien-être psychique et un calme intérieur. À la fin de la journée, j'avais l'impression d'avoir puisé des ressources insoupçonnées au fond de moi et d'avoir comblé mes principaux besoins. Le lendemain, parfaitement détendu, j'étais prêt à attaquer ma nouvelle journée de travail. »

Marc, 28 ans

Un peu de théorie

Relâcher la pression et se libérer des tensions

Un environnement stressant, un agenda surchargé, des contraintes professionnelles et familiales qui s'accumulent… autant de facteurs qui nous font perdre la notion du temps qui passe. Hommes et femmes, nous devons souvent être présents sur plusieurs fronts. Nous avons le sentiment de nous éparpiller entre une multitude de tâches à accomplir qui agite notre vie et qui n'aide pas à s'installer dans l'instant présent. Le stress nous emporte dans un tourbillon d'émotions éparses. Impossible d'arrêter cette foule d'activités ! Soit. Mais il est possible, et bénéfique, de relâcher la pression quand trop, c'est décidément trop de tensions. Cinq, dix ou quinze minutes à se reconnecter à l'ici et maintenant peuvent suffire à calmer un esprit en ébullition, à retrouver confiance en ses moyens d'affronter une montagne de petites choses à faire ou à penser. La détente de l'esprit passe par la décontraction du corps. Contenir le flot des pensées nécessite de revenir au calme. Le corps doit parvenir à un état de détente qui lui permette de lâcher prise sur le stress. Il faut essayer de faire le vide en soi. Le retour progressif au calme peut être favorisé par un endroit silencieux, et à défaut de silence, en créant un espace intérieur de vide. Hors des sollicitations, vous reprenez contact avec vous. Plus vos réactions deviennent excessives et plus vous devez vous recentrer sur la conscience de votre corps. Sentez les effets physiques du stress se dissiper dans la détente.

Se sentir bien dans sa peau

Comment se sentir bien tous les jours dans la détente et le plaisir si les neuf dixièmes du temps, les tracas monopolisent toute notre attention ? si notre esprit est inlassablement assailli par des pensées anxieuses qui nous vident de notre énergie et nous font ressasser ? Il est inutile d'espérer profiter de l'instant présent si nous nous sentons mal dans notre peau, aux prises avec notre stress ou nos ruminations mentales. À la recherche d'un état de bien-être, plusieurs techniques de relaxation se sont développées avec l'objectif de rendre la personne plus relaxée, disponible et réceptive. La sophrologie est l'une de ces techniques utilisées comme thérapie ou philosophie de vie. Dans la mesure où elle vise à apporter un plus grand équilibre intérieur, elle peut s'adresser à chacun au cours des différents événements de sa vie. Ses techniques peuvent être très efficaces pour approfondir sa respiration, baisser sa tension artérielle et évoluer vers un niveau de conscience appelé « sophroliminal ». L'essentiel de cette pratique de relaxation consiste à réveiller des sensations intérieures de bien-être, par exemple en se resituant mentalement dans une situation agréable. Les images mentales, faites de lieux, d'objets, de sons, de couleurs, de sensations ou de symboles, entrent en résonance avec son expérience et stimulent sa sensibilité. Dans cet état de détente et de douceur, et grâce aux ressources de son imagination, la personne apprend à mieux vivre dans son corps.

Un exercice : la visualisation

Vous pouvez imaginer, par exemple, que vous visitez un endroit tranquille et inspirant, qui vous ressource et vous apaise, comme un parc, un jardin, la montagne ou la plage. Vous pouvez vous servir d'une musique d'ambiance qui vous semble correspondre à ce lieu tranquille. Installez-vous confortablement dans la position qui vous convient. Puis, prenez conscience de votre respiration. Imaginez que vous vous promenez dans cet endroit serein. Soyez attentif au murmure de l'eau qui coule, aux chuchotements du vent, au bruissement des feuilles, etc. L'endroit est calme et reposant. Vous vous abandonnez à la beauté des lieux. Au gré de votre imagination, laissez votre regard se promener sur ce paysage. Vous pouvez choisir de vous arrêter un moment pour admirer des détails du lieu ou poursuivre votre marche. À mesure que vous avancez, vous vous sentez plus libre de tous soucis. Vous respirez mieux. Vous vous imprégnez de la sérénité des lieux et vous vous sentez en harmonie avec la nature. À ce moment, concentrez-vous sur les sensations de votre corps. Avez-vous chaud ou froid ? Votre corps est-il lourd ou léger ? Vos mouvements sont-ils fluides ou rapides ? Vous pouvez vous imaginer vous asperger d'eau fraîche ou profiter de la chaleur du soleil. Sentez ce bien-être dans votre corps. À tout moment, vous pouvez ouvrir les yeux et mettre fin à la magie de la scène. Dès que vous éprouverez un besoin de détente, vous pouvez retourner dans cet endroit grâce à votre imagination.

À RETENIR

Déstresser

La relaxation participe d'un mode de vie où la détente permet de se recentrer sur l'ici et maintenant. Même si votre quotidien vous accapare par ses obligations, il est possible de prendre conscience de vos points de tension et de relâcher la pression, ne serait-ce que quelques minutes. Pour souffler, respirer et expulser les tensions musculaires.

Détendre le corps et l'esprit

Le corps et l'esprit sont interdépendants. Quand le corps va mal, l'esprit cherche à s'évader et quand l'esprit est trop plein de soucis, le corps peut se retrouver submergé de tensions. Pour rétablir l'harmonie, vous pouvez essayer des techniques de relaxation comme la sophrologie, les massages ou le yoga en retrouvant une atmosphère psychique agréable.

Visualiser le bien-être

La visualisation est une méthode de relaxation thérapeutique qui, grâce aux images mentales, permet à l'esprit de donner libre cours à son imagination pour éveiller et provoquer le souvenir de sensations agréables. Si vous êtes enclin à tout rationaliser, changez de registre et laissez aller votre imagination. Et il n'y a aucune contre-indication !

Auteures : Marie-Laure Cuzacq, Frédérique Van Her, Myriam Jézéquel

EDITIONS ESI

Auteures : Myriam Jézéquel, Marie-Laure Cuzacq, Frédérique Van Her
Éditions ESI
100 rue Petit, 75019 Paris
Imprimé par FINIDR - Lipova cp. 1965 - 73701 Cesky Tesin - République Tchèque
© Éditions ESI - Dépôt légal : avril 2018 - Achevé d'imprimer : mai 2018
ISBN : 978-2-8226-0656-1